Uma ajuda lá de cima

Título do original norte-americano:
Divine Nudges

Uma Ajuda Lá de Cima

Direção editorial:	**Flávio Machado**
Assistente editorial:	**Dirce Yukie Yamamoto**
Tradução:	**Yma Vick**
Chefe de arte:	**Marcio da Silva Barreto**
Capa e diagramação:	**Ricardo Brito**
Revisão:	**Berenice Martins Baeder**
Auxiliar de revisão:	**Adriana Maria Cláudio**
Fotolito da capa:	**SERMOGRAF**

Dados Internacionais de Catalogação na Publicação (CIP)
(Câmara Brasileira do Livro, SP, Brasil)

Lanigan, Catherine.
Uma ajuda lá de cima : há sempre um anjo cuidando de você / Catherine Lanigan ; [tradução Yma Vick]. – São Paulo : Butterfly Editora, 2007.

Título original: Divine nudges
ISBN 978-85-88477-64-3

1. Anjos 2. Espiritualidade I. Título.

07-2187 CDD: 202.15

Índice para catálogo sistemático:
1. Anjos : Cristianismo 202.15

Butterfly Editora Ltda.
Rua Atuaí, 383 – Sala 5
Vila Esperança/Penha
CEP 03646-000 – São Paulo – SP
Fone: (0xx11) 6684-9392
www.flyed.com.br | flyed@flyed.com.br

Impresso no Brasil, no outono de 2007 pela:
SERMOGRAF – Artes Gráficas e Editora Ltda.

1-6-07-5.000

Catherine Lanigan

Uma ajuda lá de cima

Há sempre um anjo cuidando de você

Tradução
YMA VICK

BUTTERFLY
EDITORA

São Paulo – 2007

Outros livros de sucesso da mesma autora:

– *Na proteção dos anjos*

– *Quando os anjos nos protegem*

De onde surgem esses amigos maravilhosos que evitam acidentes, curam ou previnem doenças, antecipam acontecimentos, estreitam laços de amor – sempre esquecidos de si mesmos, verdadeiros benfeitores do espaço?

A autora – ela mesma protagonista de episódios que envolveram a presença de criaturas angelicais – é escritora norte-americana de grande prestígio, afirmando-se "guiada por sinais e inspirações". O benefício da proteção dos anjos está ao alcance de todos nós.

Depoimentos incríveis e vários relatos comprovando a divina intervenção dos anjos em nossa vida. Escutá-los, inspirando-nos em suas sugestões, é abreviar o caminho que nos conduz na direção da paz e da felicidade. Para eles, nada é impossível: o otimismo e a esperança que nos transmitem vai mudar nossa vida – é preciso apenas e tão somente revitalizar a fé e aprender a conversar com eles, seguindo as sugestões deste livro.

Notas do Editor

Caso encontre neste livro alguma parte que acredita que vai interessar ou mesmo ajudar outras pessoas e decida distribuí-la por meio da internet ou outro meio, nunca deixe de mencionar a fonte, pois assim estará preservando os direitos do autor e conseqüentemente contribuindo para uma ótima divulgação do livro.

Para meu marido Jed,
que ouviu as vozes dos anjos que
nos ajudaram a nos encontrar
e nos apaixonar um pelo outro.
Eu o amo muito, Jed,
e eles também.

Agradecimentos

Quando se escreve um livro como este os anjos vêm naturalmente em nosso auxílio, agradeço a eles por isso. Agradeço também à minha querida mãe, Dorothy Lanigan, à minha irmã, Nancy Porter, a meus irmãos, Ed e Robert Lanigan, a meu filho, Ryan Pieszchala, minha nora, Christy Pieszchala, minha neta, Caylin Pieszchala, meus sobrinhos, Ben Porter e Sam Porter, minhas sobrinhas Karen, Elizabeth, Meghan, Maureen e Cathleen Lanigan e Elaine Perez, a minhas cunhadas, Mary e Debbie Lanigan e Susie Garrison e a meu cunhado, David Porter. Não há como não agradecer a Vicki Bushman, Roger Burlage, Alex Bunshaft, Julie Culver, a meus agentes literários, Sande e Mark Donahue, a Ray Ebberman, Judy Fry, Cherry Hickson, Jenni e Brad Hummel, Carol e Bob Kane, a Jim e Clare Keating, Audra Kelly, Sagina Khan, John Kissonas, Wendy e Tommy Korman, a minha gerente Vicki McCarty, a Joanna Plafsky, Sharon Reese, Tom e Kelly Schmidt, Dea Shandera, a meus agentes cinematográficos, Dean Shcram e Stacy Stoker e à minha agente literária, Nancy Yost.

Agradeço também de todo coração a todos os anjos da editora HCI que me ajudam a continuar nesta trilha divina: o presidente e anjo residente, Peter Vegso, minha querida editora, Amy Hughes, minhas irmãs espirituais Kim Weiss e Kelly Maragani e aos anjos de vendas Terry Burke e Tom Sand.

Não tenho palavras para agradecer tudo o que já fizeram por mim. É uma verdadeira honra poder contar com vocês em meu passado, meu presente e meu futuro. Que Deus os abençoe.

Catherine

Sumário

Introdução

Minha inspiração para escrever este livro veio de você, caro leitor.

Desde a publicação de *Na proteção dos anjos* e de *Quando os anjos nos protegem*[1], sobre a vida no "outro lado" e também sobre "arrepios, sonhos e sinais" bem como "visitas espirituais, angelicais e toques divinos", sempre me surpreendeu a reação dos leitores. Em minhas apresentações vários deles me procuravam para falar de suas experiências e contato com os anjos. Deles veio a inspiração para esta nova série de histórias.

Os anjos estão presentes ao nosso redor o tempo todo, realizando pequenos e grandes milagres sem sequer percebermos. Chamamos a tudo o que nos acontece de "boa sorte", "coincidência" e até mesmo de "contratempo". Raramente creditamos a Deus esses milagres.

Nós, seres humanos, gostamos de associar os acontecimentos às nossas próprias ações, mas quando alguma coisa dá errado sempre culpamos alguém. Não assumimos responsabilidade pelo que acontece de "ruim" em nossa vida. O próprio fato de qualificarmos determinados fatos como sendo "ruins" mostra nossa falta de visão em relação à vida.

---

1. Ambos os livros da autora foram publicados em português pela Butterfly Editora. (Nota do Editor)

Quantas vezes você já se levantou da cama de manhã e tudo pareceu conspirar e fazer com que você se atrasasse para ir trabalhar? O chuveiro, que até então funcionava perfeitamente, começa a falhar e o banho demora. O barbeador não liga e você é obrigado a verificar o sistema elétrico do banheiro. O café pinga em sua roupa e você tem de se trocar novamente. O salto do sapato quebra, a fechadura da porta emperra, o alarme do carro dispara sem motivo e o carro não quer dar a partida ou, por algum motivo irritantemente inexplicável, você nem sequer consegue colocar a chave na ignição. Todo o resto tem explicação, menos o fato de não se conseguir colocar a chave na ignição.

Tudo isso aconteceu com minha irmã, Nancy Porter, em uma manhã cerca de dez anos atrás, que já relatei em meu livro anterior.

Nancy ficou muito irritada e não entendia como aquilo podia acontecer. Dirigia fazia mais de 20 anos. Por que não estava conseguindo fazer algo tão simples como colocar a chave na ignição e dar a partida? Ela me contou mais tarde que era como se uma força invisível a estivesse impedindo de aproximar a mão do painel do carro. Depois de várias tentativas acabou desistindo e entrou novamente em casa. Ligou a televisão para tentar se acalmar e ficou chocada com a notícia do noticiário local. Uma tempestade de neve na área de Chicago havia provocado alguns acidentes muito graves na estrada I-94 Oeste, que dá acesso à cidade. É a estrada que Nancy usava para ir ao trabalho. Desligou a TV e fez uma prece de agradecimento. Até hoje tem certeza de que foram seus "anjos protetores" que a salvaram de um provável acidente.

Todos já tivemos experiências desse tipo, talvez não tão óbvias, que podemos considerar pequenos milagres. Já ouvimos histórias de pessoas salvas por algum tipo de intervenção divina. Algumas chegam a ver os "seres de luz" que vêm em seu socorro e passam a encarar a vida de maneira completamente diferente depois desses acontecimentos.

Antigamente muitas tinham vergonha e não comentavam sobre essas experiências por medo de serem ridicularizadas. Ninguém queria ser chamado de "maluco" por amigos e parentes. A maioria ficava de boca fechada e seguia em frente fingindo que "nada havia acontecido" ou que se tratava de pura imaginação. O pior é que muita gente ainda faz isso: tenta se convencer de que o mundo "invisível" é meramente imaginário e que quando ignorado deixa de existir.

É incrível pensar que isso ainda aconteça nos dias de hoje.

Na Antiguidade as pessoas aceitavam e reconheciam com facilidade a ação divina em suas vidas. Nossos ancestrais falavam com naturalidade sobre a interação entre o mundo físico e a vida no "outro lado". O campo de energia que separa nossa realidade sensorial (aquilo que vemos, sentimos e tocamos) do mundo espiritual onde vivem nossos amigos e parentes falecidos, os anjos, querubins e serafins é um tênue "véu" de vibração sutil.

Não sou especialista em física quântica. Deixo as explicações mais detalhadas e técnicas para os cientistas. Meu trabalho é meramente descrever os fatos e acontecimentos que mostram a existência de mundos paralelos ao nosso. Meu objetivo neste livro é continuar aquilo que iniciei em *Na proteção dos anjos e Quando os anjos nos protegem*. Acredito (e as mensagens que recebo dos anjos confirmam) que isso faça parte de minha missão. Não é minha única tarefa, mas faz parte dela.

Quando os anjos nos protegem descreve a experiência de quase-morte de meu pai e sua interação com o mundo espiritual quando estava em fase terminal no hospital, três dias antes de falecer.

Esteve "morto" por mais de 20 minutos em 1987 em um hospital enquanto os médicos batiam em seu peito, quebrando seu osso esterno e todas as suas costelas enquanto tentavam reavivá-lo. Quando se recuperou, contou-me que tinha visto um "ser de luz" no "outro lado". Católico convicto, sempre acreditou na religião e nos criou de acordo com seus princípios. O Catolicismo chama de céu o lugar para onde se vai depois da morte, não de paraíso como o Protestantismo, ou de "outro lado".

Perguntei se por um acaso não era um anjo o que tinha visto e ele foi categórico:

– Não, Cathy, era um ser de luz.

– Não poderia ser Jesus? – perguntei então.

– Não. Era um ser de luz.

Achei aquilo um tanto estranho. Ele estava usando palavras diferentes das habituais para descrever algumas experiências, como a que teve em 1987 quando sofreu o ataque cardíaco. Mas o fato de sempre ter sido católico e de começar, de repente, a mencionar termos como "o outro lado" me levou a crer que ele devia estar falando a verdade.

Disse também que eu deveria mudar meu estilo ao escrever e passar a contar histórias espirituais, mencionando livros, artigos e filmes que mostrassem a interação entre os anjos e os seres humanos, independentemente de as pessoas acreditarem nisso ou não. O importante era divulgar a idéia.

Outro detalhe que me chamou a atenção foi o fato de ele começar a se referir, desde então, às pessoas como "seres humanos". Meu pai tinha sido capitão no exército e foi considerado herói na Segunda Guerra Mundial. Era advogado, formado na Universidade de Notre Dame, membro da sociedade Phi Beta Kappa de intelectuais e um dos homens mais inteligentes que já conheci. Manteve a lucidez e a sanidade até o último instante de vida.

De 1987 a 1992, quando faleceu, utilizou sempre o termo "seres humanos" para distinguir nossa espécie da dos seres espirituais que tinha visto "no outro lado".

Isso só fez confirmar minha crença de que todas aquelas "visitas" que eu tinha recebido de anjos e parentes já falecidos eram reais e não produto de minha "imaginação fértil" como ele e minha mãe insistiam em afirmar quando eu era criança.

Hoje sei que nada daquilo foi fantasia. Os "seres" que eu via eram reais.

Um de meus objetivos neste livro é descrever minhas próprias experiências de quase-morte. Uma delas ocorreu enquanto eu passava por uma cirurgia. Vou descrevê-la com mais detalhes neste livro do que nos anteriores ou em minhas palestras.

Acredito que aquilo que aconteceu com meu pai também tenha sido uma maneira de o mundo espiritual me preparar para o que aconteceria em minha vida.

A mídia em geral tem mencionado com freqüência e com muita ênfase o lado espiritual da vida. Outro dia assisti a um programa de televisão chamado *NYPD Blue* em que um personagem chamado Jimmy Smits (que tinha morrido em um episódio anterior) voltava e falava com seus amigos. O diálogo entre ele e o personagem Dennis Franz mostrava bem o tipo de experiência que eu já tinha vivido diversas vezes. E refletia as mesmas sensações e reações expressas em centenas de *e-mails* que tenho recebido de meus leitores durante todos esses anos, contando sobre experiências e as mensagens que recebem dos anjos.

As informações são quase sempre as mesmas:

Não estamos sós.

Deus nos ama sempre, não importa o que aconteça.

Nossos amigos e parentes que já se foram estão ao nosso lado para nos guiar e ajudar sempre que podem.

O "outro lado" é um lugar de paz, amor e também de muito trabalho. Todos têm suas funções exatamente como aqui, embora boa parte de sua tarefa seja nos mostrar que estão atuantes!

Como já mencionei em minhas obras anteriores, anjos e "seres de luz" tentam entrar em contato conosco por sonhos e enquanto meditamos. O resultado é que às vezes ficamos arrepiados sem motivo aparente, vemos luzes e escutamos barulhos estranhos. À medida que evoluímos e nos tornamos mais conscientes de nossas qualidades humanas e divinas, a presença dos anjos e seres espirituais se torna mais evidente em nossa vida.

Pessoas que têm o dom da criatividade mais aguçado, como artistas que expõem seu trabalho ao público ou em galerias de arte, teatros ou em livros, sentem com freqüência que a fonte de sua "inspiração" não é o ego e sim algo que podemos chamar de intervenção divina. Muitos autores e produtores de cinema que conheço me dizem isso. Eles sabem que muitas de nossas palavras e das imagens que criamos não são exatamente nossas.

Somos os instrumentos da obra de Deus. Nosso trabalho precisa ser "útil" não apenas para o mundo de hoje, mas também para as gerações que virão. Devemos contribuir para transformar o mundo em um lugar melhor.

Para isso precisamos permitir que a energia divina flua por entre nós. É preciso que reconheçamos que ela é a "fonte" de nossas idéias. Independentemente de nossa religião ou crença, todos temos um "mecanismo de ligação" que nos permite sentir a presença de um Deus ou de uma Inteligência Superior que rege o universo.

Captar essa presença não é privilégio dos artistas. Todo homem, mulher ou criança que habita este planeta é capaz de senti-la. Todos temos criatividade. É um dos princípios básicos de nossa alma. Ouço muitas pessoas dizerem: "Não sou criativo". Elas não têm idéia de como estão enganadas!

Todos temos algum tipo de talento ou de criatividade especial. Algumas pessoas conseguem cultivar plantas em áreas rochosas ou arenosas. Outras conseguem ser amigos excepcionais. Já outras são excelentes pais, mães ou cuidam de seus animais com imenso carinho e de maneira muito especial. Ninguém consegue ser bom em tudo. Somos pessoas diferentes, com habilidades diferentes, todos temos criatividade. Basta observarmos nossas atitudes e áreas de interesse para percebermos isso.

Nos últimos anos muitas revistas de renome internacional, como *Time* e *Newsweek*, têm publicado artigos sobre a conexão mente-corpo-espírito. Mais da metade da população dos Estados Unidos procurou no ano passado alternativas holísticas e remédios naturais para doenças e sintomas desde os mais simples, como uma dor de cabeça, aos mais complexos, como os provocados por câncer. O fato de tantos cidadãos procurarem acupuntura, meditação, ioga, alimentação natural, acupressão e terapias complementares mostra que estamos nos conscientizando de que nossa existência vai além dos limites do corpo físico. Não podemos mais negar a existência do aspecto divino em nós. Nossos ancestrais sabiam disso. Como é que fomos nos esquecer?A resposta é simples: há um excesso de informação em nossa vida.

Hoje quase todos os cidadãos do mundo moderno industrializado estão conectados à Internet. Brasil, França, Rússia, China e Índia estão a um simples “clique” de distância. Quando foi a última vez que você saiu à noite para observar as estrelas... sem se preocupar com a hora de voltar para casa?

Quando foi a última vez que você se deitou no sofá e ficou um bom tempo sem fazer ou se preocupar com nada? Quantos europeus e norte-americanos substituíram suas lareiras por aquecimento a gás e deixaram de lado o saudável hábito de se sentar para observar o fogo? Depois da Segunda Guerra Mundial as pessoas sequer instalam lareiras em suas casas, alegando estar diminuindo a “sujeira” e o “trabalho”. Mas a verdade é que as lareiras proporcionavam aquecimento físico e mental. Observar o fogo queimando a madeira ajuda a rever nossas vidas e sonhar com o futuro.

Não sonhamos mais. Não fazemos planos a longo prazo. Estamos ocupados demais tentando “chegar ao final do dia”, “apagando incêndios”, com isso deixamos de fazer coisas simples como contemplar o fogo.

Um feriado ou algumas horas de descanso "verdadeiro" podem mudar nosso destino. Aposto que muitas pessoas já sentiram de repente vontade de escrever um livro ou uma peça, mas antes de começar a pensar no assunto com mais detalhes tiveram de sair correndo para tomar um banho, vestir-se e buscar as crianças na escola. Já imaginou o legado que poderíamos deixar para nossos filhos se aquelas horas que passamos em frente à televisão, por exemplo, fossem usadas para colocar no papel as inúmeras idéias que surgem em nossa mente e que poderiam se transformar em negócios lucrativos?

E se um de seus filhos quiser ser artista? A simples idéia ainda arrepia muitos pais, pois é preciso ter dinheiro para manter um artista até que ele se destaque entre as centenas de pessoas que desejam fazer da arte uma profissão.

O mundo dos filmes está se desenvolvendo tão rápido que em pouco tempo poderemos deixar de ter atores nas telas. Em alguns anos os artistas gráficos, cartunistas e especialistas em efeitos especiais terão desenvolvido as técnicas e processos de animação a tal ponto que será possível criar imagens perfeitas de seres humanos. Uma amostra dessa tendência é o filme sobre Natal chamado *Expresso Polar*, criado em 2004.

Hoje uma criança que tenha habilidade e facilidade para desenhar não precisa se limitar ao lápis e o papel. A nova geração de artistas terá recursos ilimitados para desenvolver sua arte graças aos recursos da computação.

Com tudo isso muitas pessoas dizem que os anjos nos abandonaram. Pessoalmente, acredito que devido ao desenvolvimento rápido de nossa tecnologia, inclusive com a possibilidade de viajar para outros planetas, os anjos devem estar mais ocupados do que nunca nos ajudando em nossa vida diária e nos guiando em nosso caminho rumo ao divino. Nós é que não paramos para pensar nisso.

Mas é preciso parar um pouco.

Por mais estranhas que possam parecer, as histórias deste livro são reais. E ampliei meu repertório nos últimos tempos. Entre as mais novas está a de minha amiga Vicki Bushman, que finalmente me deu autorização para contar sobre o dia em que "forças negativas" tentaram levar embora seu filho, Andrew, ainda bebê, e como ela conseguiu vencer os "anjos da morte" por meio de sua força de vontade e fé em Deus.

Algumas histórias deste livro são mais intrigantes que as de meus livros anteriores sobre o assunto (*Quando os anjos nos protegem* e *Na proteção dos anjos*).

Acredito que toda a humanidade esteja se desenvolvendo espiritualmente mais rápido nos últimos anos. O que vem acontecendo nos Estados Unidos desde o evento de 11 de setembro de 2001 é um bom exemplo disso. As pessoas passaram a valorizar mais a vida e o ar que respiram. Hoje, percebem-se alguns detalhes que antes eram ignorados, como o sorriso no rosto das crianças, por exemplo. Um gesto simples como abraçar nossos pais ou parentes próximos tornou-se valioso. Não sabemos se teremos chance de fazer isso mais tarde ou amanhã. Pode ser tarde demais.

É preciso viver cada dia como se fosse o último. A frase pode ser antiga, um clichê como se diz, mas ainda é verdade. Não significa que devemos simplesmente ignorar nossas responsabilidades e viver de maneira inconseqüente. Significa apenas que amanhã podemos não ter mais a chance de dizer às pessoas que amamos quanto elas são importantes para nós. E nem de sermos gentis com aquelas que encontramos todos os dias. O simples fato de dizer "bom dia" ou perguntar "como vai?" a alguém já faz toda diferença. O garçom no restaurante e o porteiro do prédio onde trabalhamos podem passar quase sempre despercebidos, mas cumprimentá-los é uma maneira de mostrar que percebemos e reconhecemos seu trabalho. Sempre que tiver uma oportunidade, diga às pessoas mais próximas que as ama e seja gentil com todos. Viva cada momento de sua vida com amor.

Se esses princípios ainda não fazem parte de sua rotina, espero que este livro o ajude a mudar isso.

Ainda chateado com aquele amigo com quem discutiu há anos? Não consegue perdoar aquela tia que lhe deu uma bronca quando ainda era criança? Se parar para pensar um instante verá que a mágoa em seu coração só prejudica você mesmo.

Seus anjos desejam que você viva plenamente, com alegria e amor. Mas ninguém consegue viver bem sentindo rancor.

Deixe sua mente aberta e receptiva para as histórias que vai ler agora. Abra seu coração para o amor que existe em seu redor. Seja gentil e carinhoso com as pessoas e elas também vão tratá-lo bem.

Na próxima vez em que escutar aquela "voz" na sua mente lhe dizendo para fazer a coisa certa, siga-a. Você será abençoado e verá na prática os efeitos de suas ações. ❦

Parte 1

Uma ajuda lá de cima

Quando digo "uma ajuda lá de cima" estou me referindo a aqueles "empurrõezinhos de Deus", os pequenos "cutucões" e lembretes divinos que às vezes recebemos para sermos mais carinhosos e gentis com a nossa família e amigos. Para falar a verdade, só de incorporar esse comportamento ao nosso cotidiano, com certeza haveria menos guerras no mundo, a violência doméstica seria reduzida a zero e as prisões viveriam praticamente vazias. Este livro mostra histórias e situações em que uma pequena "interferência divina" pode alterar completamente nossas vidas, carreiras e relacionamentos, nos encaminhando para uma situação melhor.

Algumas dessas situações podem ser inicialmente encaradas como traumáticas. Pode ser algo como a perda repentina do emprego, a transferência para uma nova empresa ou cidade, um divórcio, o término de um relacionamento, a morte súbita de alguém que amamos, um desastre natural (como uma inundação, por exemplo) que destrói uma casa ou uma propriedade ou mesmo um problema de saúde súbito e grave. Um bom exemplo de como a intervenção divina pode ajudar as pessoas é o caso da violência doméstica.

Há mais de 20 anos, ouço o desabafo de mulheres vítimas de violência doméstica e venho trabalhando e lutando para defendê-las. Para elas e para seus filhos, livrar-se de um marido ou de um namorado violento pode ser uma experiência extremamente difícil e traumática. Por pior que seja a convivência com ele, as vítimas estabelecem uma espécie de zona de conforto. A maioria dessas mulheres continua casada para manter a estabilidade financeira ou por motivos religiosos que as impedem de se divorciar. Em alguns casos há também pressão familiar para que se mantenham no relacionamento. Os parentes tentam convencê-las de que a vergonha e as dificuldades de um divórcio são piores do que o abuso e a violência que sofrem em casa. Nos casos mais graves, as vítimas temem ser assassinadas ou algo que possa vir a acontecer com seus filhos caso se decidam pela separação. Muitas vezes esse risco é real.

Mas quando tomam coragem de fugir do abuso e da intolerância dos maridos essas mulheres precisam de muita ajuda dos anjos. No momento em que as ameaças se transformam em violência física a situação se modifica.

Feridas moral e fisicamente, elas finalmente decidem deixá-los. Durante anos agüentam abuso moral e verbal, são humilhadas e expostas em público. Alguns maridos tentam até mesmo impedir que elas se comuniquem com a família. Possessivos e ciumentos, exigem atenção total. Dizem que com eles "é tudo ou nada". Mantêm o controle durante anos fazendo "ameaças leves" até que um dia explodem e partem para a violência física.

Muitas vezes a agressão é originada por situações totalmente fora do controle da vítima. Mas é justamente nesses momentos que ocorre a intervenção divina. A pressão se torna tão intensa que elas são obrigadas a tomar uma decisão e terminar o relacionamento. Não há como continuar.

Uma vez fora do casamento, essas mulheres começam a rever sua vida e adotam um novo estilo de viver, com parâmetros próprios, *suas próprias regras.*

Percebem, então, que foram "levadas" de um padrão negativo de existência para outro no qual há mais amor e até mesmo abundância. Já não "precisam" mais do marido e de seu dinheiro. Precisam apenas *acreditar em si mesmas* para enfrentar o mundo. Sua vida e a de seus filhos, quando os tem, se transforma radicalmente e melhora muito.

Esses "empurrõezinhos" divinos costumam acontecer de maneira súbita. Um bom exemplo disso é o da peça da Broadway, "*The fantasticks*". Um rapaz e uma moça moram em casas vizinhas e, apesar de estarem apaixonados um pelo outro, nunca se declararam.

Chega, então, o Carnaval e a cidade toda começa a comemorar. Em 48 horas a heroína é seduzida por um carnavalesco que promete levá-la para conhecer locais distantes e maravilhosos e o herói é perseguido, seqüestrado e espancado por criminosos. Mesmo preso, porém, não consegue esquecer sua amada. Percebe então a intensidade de seus sentimentos por ela. Decide escapar e ir ao seu encontro, arriscando a própria vida. Quando finalmente se encontram, os dois percebem que por pouco não deixaram de viver um grande amor e que querem ficar juntos para sempre. Em apenas dois dias o rumo de suas vidas é totalmente alterado.

Muitas vezes esses "empurrõezinhos" surgem na forma de um estranho que entra de repente em nossa vida e nos mostra que temos as ferramentas ou o talento de que precisamos dentro de nós mesmos, e que jamais fora percebido.

É a intervenção divina que trabalha e conspira para manter o universo em perfeita ordem. ❦

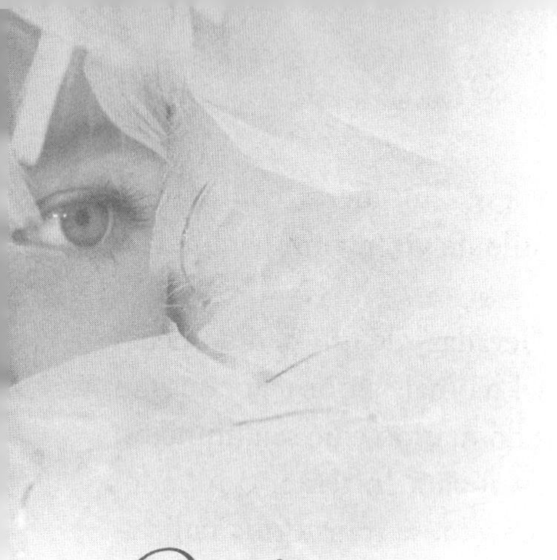

A multa divina

Um dos sonhos mais comuns do ser humano é encontrar sua alma gêmea. Isso é tema de muitos filmes, livros, músicas e obras. Há algo na psique humana que faz até as pessoas mais céticas acreditarem que existe um que conosco formaria o "par perfeito", alguém ideal para cada um de nós. Trata-se de um sentimento bem mais profundo que simples atração física, companheirismo ou sensação de bem-estar ao lado de alguém. É um encontro de tempestades e de fogo seguido de uma calma e de uma paz quase palpáveis quando os dois se encontram. Amigos, colegas e parentes reconhecem imediatamente a aura de magia que envolve as pessoas apaixonadas. É como uma esfera de proteção que afasta todo o mal e os mantém unidos. Uma bênção de Deus? Sim, com toda certeza. Alguns dizem ser um reencontro de vidas passadas. Quem sabe? Mas a questão principal é: como saber se encontramos realmente nossa alma gêmea?

A história de Jenni e Brad é repleta de pequenos milagres. Quem acredita em anjos percebe isso claramente.

Jenni é uma grande amiga minha que mora em Houston. Mãe solteira, luta para manter a filha. Mas, apesar de todas as dificuldades que enfrenta, há uma luz dentro dela que brilha por intermédio de seus olhos e de seu sorriso fácil. É uma mulher bonita e uma pessoa maravilhosa.

Em dezembro do ano passado, Jenni teve de ir até Austin para contestar uma multa por excesso de velocidade que havia recebido. Sua filha de dois anos estava no banco de trás. Mal tinha entrado na rodovia e uma tempestade de gelo e neve começou a cair.

Estranhou o fato, pois Texas sempre foi um estado de clima subtropical e quente. É comum cair neve mais para o norte, mas não em Houston. Não estava acostumada a dirigir sob aquelas condições. Resultado: as duas horas de viagem que havia programado acabaram se transformando em quatro. A menina, sentindo a tensão da mãe, ficou assustada. Quando finalmente chegou a Austin e a deixou na casa de sua mãe, estava com os nervos em frangalhos.

Para piorar, quando chegou ao departamento de trânsito encontrou afixado na porta um aviso de que as sessões de julgamentos de multas haviam sido adiadas devido ao mau tempo. Seu nervosismo se transformou em fúria. Tinha arriscado a própria vida e a da filha sem necessidade.

Queria se acalmar um pouco antes de voltar para a casa de sua mãe e, então, resolveu parar em um restaurante que encontrou no caminho. Era um lugar elegante mas um tanto recuado em relação à rua, chamado Hudson on the Bend. Estava quase vazio quando entrou. Havia uma grande lareira no fundo e mesas com cadeiras confortáveis; tudo o que ela precisava naquele momento.

Contou as pessoas no restaurante. Apenas sete. A tempestade de neve era provavelmente o motivo. Pediu um prato e uma taça de vinho e só então percebeu a presença de um homem muito bonito da mesma idade, sentado no outro lado do salão. Cada vez que olhava em sua direção, percebia que ele também a observava. Sorriu levemente e desviou o olhar. Ele começou então a olhar de maneira tão persistente que chegou a incomodá-la. Não ficou com medo ou desconfiada. Percebeu apenas que ele queria falar com ela. Pensou consigo mesma que, por ser solteira, não haveria problema algum em ir até lá falar com ele, mas não teve coragem.

Então um amigo seu entrou no restaurante e, vendo-a ali, foi se sentar com ela. Quando terminaram de jantar ela pensou: "Será que ele está imaginando que Eric é meu namorado? Ele é apenas um amigo". E logo em seguida: "Meu Deus, devo estar ficando maluca! Provavelmente jamais verei esse homem novamente. É apenas uma paquera de restaurante".

O Natal veio, passou e o Ano Novo chegou. Em fevereiro, Jenni recebeu uma correspondência informando a nova data de sua sessão no departamento de trânsito para recorrer a multa.

Viajou então para Austin, mas, pela segunda vez, a sessão foi desmarcada. Parecia que aquele dia também não ia ser muito bom. Tinha marcado com seu novo namorado de se encontrarem em um restaurante japonês exótico chamado Mars que ficava em uma casa antiga com desenhos de estrelas e luas nas paredes.

Chegou na hora marcada e o garçom a levou até uma das mesas. Seu celular tocou. Era o namorado que ainda estava em Dallas e telefonou para dizer que seu vôo tinha sido cancelado devido ao mau tempo. Não ia conseguir chegar para o jantar. Era tudo que faltava para completar seu dia.

Mas ao invés de ir embora Jenni decidiu ficar e jantar. Quando já estava comendo percebeu que havia um homem bonito sentado em uma mesa próxima. Tinha o celular, um *notebook* e um livro sobre a mesa. Com certeza tinha planejando jantar sozinho, ao contrário dela.

De repente ele se virou e olhou firmemente em sua direção. Jenni sorriu, percebendo que ele queria falar com ela. O homem perguntou:

– O que você pediu?

Quebrou-se o gelo. Ele a convidou para se sentar com ele e pediu um prato. A conversa fluiu naturalmente como se os dois se conhecessem intimamente mas não se encontrassem fazia muito tempo.

Em determinado momento ela se levantou e foi ao toalete. Enquanto lavava as mãos, se olhou no espelho e pensou: "Este podia ser meu namorado. Parece ser o homem ideal para mim!" Mas parou de repente. "O que estou dizendo? Acabei de conhecê-lo!"

Enquanto caminhava de volta para a mesa, porém, outro pensamento veio-lhe à mente: "Nunca se sabe".

Então, ao invés de ficar receosa e ignorar sua intuição, deixou que os acontecimentos fluíssem naturalmente.

Conversaram a noite toda, ou melhor, até a hora em que o restaurante fechou. Brad disse então:

– Não queria que a noite acabasse assim. Você aceita tomar um drinque comigo no Four Seasons?

Normalmente, ela não aceitaria um convite desses, mas desta vez não pensou duas vezes e ainda foi no carro dele. Estava muito surpresa com suas próprias atitudes e com o fato de se sentir totalmente à vontade com aquele homem. Tomaram um drinque e conversaram ainda durante um bom tempo. Depois ele a levou de volta até seu carro e os dois se despediram.

Brad disse então:

– Não costumo vir a Lakeway com freqüência, mas conheço um lugar em que poderíamos marcar para nos encontrar da próxima vez que estivermos aqui. Chama-se Hudson on the Bend.

– Conheço o lugar. Já estive lá e gostei muito! – exclamou Jenni.

– Não vou lá há muito tempo... acho que desde um dia em que caiu uma tempestade muito forte na cidade, em dezembro do ano passado.

Os dois se olharam assustados. Jenni se arrepiou e Brad disse, perplexo:

– Então era você! De suéter vermelho e calças de couro pretas.

– Era sim – respondeu ela, sem acreditar no que estava acontecendo.

Nas semanas seguintes, Brad telefonou para Jenni todos os dias e cada vez mais os dois descobriam quanto tinham em comum. Decidiram se encontrar novamente. ❦

Nota da Autora: Escrevi essa história em maio de 2005, mas tudo aconteceu anos antes. Hoje Jenni e Brad estão casados, moram em Austin e estão mais felizes do que nunca. Por sorte deixaram que sua intuição e seus sentimentos os guiassem e são gratos por isso até hoje. Têm certeza de que não se conheceram por acaso. Seu encontro é a prova de que quando os céus interferem em nosso destino não devemos lutar contra os acontecimentos, apenas aceitar, viver cada momento e amar.

A grande inundação — primeira parte

Estávamos em 2001 e eu havia prometido buscar um amigo que estava chegando do exterior no Aeroporto Internacional de Houston.

Sempre que tenho uma tarefa desse tipo programo meus três despertadores para o mesmo horário e acordo a noite inteira para ver se estão funcionando. Quando finalmente chega a hora de me levantar (no caso, às 4 da manhã), de levar os cachorros para dar uma volta, fazer um café rápido e me vestir, estou completamente exausta. Faço isso há tanto tempo que já deveria estar acostumada, mas não estou.

Fico tão preocupada com a pessoa que chega de viagem, especialmente naqueles intermináveis vôos internacionais, que me esqueço de mim mesma e de meu conforto.

Nesta noite em que me preparava para ir ao aeroporto de Houston caiu uma chuva torrencial. Já havia chovido bastante naquela primavera devido ao fenômeno *La Niña* e ao *El Niño*, mas aquela noite foi excepcional. Descobri mais tarde que foi um grande desastre. De minha janela parecia a pior tempestade que Houston já teve, mas não imaginava que seria oficialmente chamada de "A grande inundação".

Vendo que a chuva não parava, telefonei para o aeroporto para saber se ainda estava aberto. Depois de um longo tempo tentando e ouvindo apenas sinal de ocupado, finalmente consegui falar com um funcionário e descobri que os aviões estavam pousando normalmente, e também que o de meu amigo chegaria 20 minutos antes do horário!

Peguei um guarda-chuva grande e saí para uma volta "rapidinha" com os cães. Na volta, eu e os cães entramos no carro, peguei minha caneca de "café para viagem", fechei o portão da garagem com o controle remoto e nos pusemos a caminho. Nem pensei em verificar antes a previsão do tempo para as horas seguintes. Meu amigo chegaria antes da hora prevista e eu queria estar lá.

O bairro de Galleria, onde moro, é bem perto do anel viário Sul, o 610 South Loop. Mas estava muito escuro, tão escuro que eu mal conseguia ver as laterais da estrada. "Tudo bem, fica mesmo mais escuro antes do amanhecer", pensei. Imaginei que aquilo fosse normal, que tivesse algo a ver com o ângulo da Terra em relação ao Sol nascente, à Lua ou qualquer coisa do tipo. Tinha de haver uma explicação lógica para aquela escuridão absurda.

Entrei então no anel viário, passei a saída I-10, que segue em direção ao Leste e Oeste e peguei a seguinte, a 610 Norte.

Como a chuva estava muito forte, tive de ir mais devagar. Percebi então que havia um grande número de carros parados no acostamento. Imaginei que fosse por causa da tempestade, que estava mais forte. Como tinha passado quase a noite toda acordada, acompanhei os picos do temporal.

Mas olhando melhor vi que estavam todos vazios. Achei aquilo estranho mas segui em frente. Deixo sempre uma almofada no banco de trás do carro para Beau, meu *golden retriever*[2] mais velho. Ele adora se sentar ali para ficar mais alto e observar as pessoas na

2. Raça de cachorro muito semelhante ao labrador, mas de pêlo longo. (N.E.)

rua. Já Bebe gosta de passear com as patas da frente no console, entre o banco do motorista e o do passageiro. Assim pode ver tudo o que acontece junto com quem está dirigindo. Júnior, que tem pouco mais de um ano, vai de janela em janela observando tudo, inclusive a janela de trás. É meu pequeno "patrulheiro". Os três morrem de medo de trovões. Já vi Beau saltar do chão de susto ao ouvir um mais forte. Como é adulto e mais experiente que os outros, assim que o céu escurece e os raios começam, se esconde rápido. Se pudesse, acho que cobriria as orelhas com as patas.

Isso é para se ter uma idéia de como eles estavam enquanto percorríamos aqueles quase 20 quilômetros até o entroncamento da I-45 Norte/Sul. E ainda teríamos de seguir pela 610 Leste e passar por diversas saídas até chegar à I-45 e ao aeroporto.

Era realmente impressionante o número de caminhões e carros na estrada naquela madrugada de sábado. Quando estávamos chegando ao entroncamento, todos começaram a reduzir a velocidade.

– Ah, não. Não me diga que foi um acidente! – pensei alto, reduzindo também.

A chuva continuava, e a escuridão também. Espiei para fora e vi que todos os carros à frente estavam parando, tanto na estrada Norte quanto na Sul. Os que iam para a 610 também. Saí então da fila e parei no triângulo pintado no chão, que sinaliza a divisa entre as faixas da 610 e a rampa de acesso da I-45 Norte.

"Há alguma coisa de errado", pensei.

Bebe encostou o nariz em minha nuca. Depois parou e olhou para a estrada na nossa frente. Seus olhos de águia captavam algo diferente.

Olhei para a escuridão, tentando identificar o que poderia ser.

Várias pessoas estavam saindo dos carros, correndo para o acesso da I-45 e se encostando na cerca divisória para observar alguma coisa.

"Mas o que está acontecendo?", pensei assustada.

Não sou do tipo que desiste facilmente. Prefiro esperar que o trânsito melhore ou encontrar um caminho paralelo e retornar.

Mas de repente senti como se o tempo parasse. Os três cães farejaram perigo. Ficaram tensos.

Era como se eu estivesse ouvindo o que eles diziam, como uma espécie de telepatia: "Mamãe, não podemos ficar aqui. Volte".

A primeira coisa que me ocorreu é que se fosse um acidente eu não conseguiria chegar ao aeroporto em tempo. E também seria crueldade fazer os cães ficarem no carro durante horas sem água ou comida.

Não tinha a menor idéia do que poderia estar acontecendo na estrada, mas meus instintos me colocaram em alerta e decidi voltar.

Um dos meus maiores medos sempre foi o de estar em uma situação na qual tivesse de andar na contramão em uma rodovia como nas cenas de filmes de ação. Sempre me incomodou ver aquilo. Um bom exemplo é o de um filme em que John Candy está na contramão durante uma tempestade e de repente vê um caminhão vindo em sua direção.

Foi exatamente o que aconteceu comigo naquele dia. Quando virei o carro e segui pela contramão outros motoristas decidiram fazer o mesmo, não sei por quê.

"Devem ser tão loucos quanto eu. Ou também estão com seus cães no carro", pensei.

Liguei o pisca-alerta e segui pelo acostamento.

Os motoristas dos carros que vinham na direção correta buzinavam, faziam sinais, abriam as janelas e me xingavam, mas eu não me alterei. Tensa, segurava firmemente a direção e seguia em frente. Meu coração estava disparado. Nunca senti tanto medo em minha vida (bem, no dia em que um ladrão colocou uma arma na minha cabeça e disse que ia me matar creio que o medo foi maior. Mas essa é outra história).

Continuei dirigindo contra a chuva e o trânsito que vinham em minha direção.

Em determinado momento, a mulher que vinha atrás de mim não agüentou mais. Parou e encostou o carro. Mas o motorista que vinha atrás dela contornou seu carro e seguiu em frente, junto comigo.

Depois de um bom tempo cheguei ao entroncamento das rodovias 290 e 610 Sul, que fazem a ligação com a 610 Leste. Agora eu teria de atravessar seis pistas com carros na contramão para ir para o lado certo.

Entrei em pânico e parei. Comecei a chorar compulsivamente. Não conseguia seguir em frente. Não conseguia voltar para casa.

Os cães estavam tensos também. Sentiam meu desespero e eu sentia o deles.

Nesse momento, o carro pequeno que vinha atrás de mim encostou ao meu lado e abriu a janela. O motorista fez sinal para que eu o seguisse. Era apenas um rapaz "jovem demais para saber o risco que estava correndo", pensei. Não era questão de coragem, e sim de capacidade de reconhecer a gravidade da situação.

Mas naquele momento era de alguém assim que eu e os que vinham atrás de mim precisávamos. Sua falta de experiência poderia acabar ajudando a todos. Então, fui atrás dele, cruzando a pista e me desviando dos carros que freavam e buzinavam.

Conseguimos!

Chegamos ao acostamento da esquerda e seguimos por ele até a outra saída. Tivemos de nos desviar apenas de mais alguns carros, que também buzinavam e xingavam enquanto saíamos da via expressa.

Pegamos o retorno por baixo dela e, depois de mais de meia hora de sofrimento, estávamos finalmente no lado certo da estrada.

Só então consegui respirar profundamente.

No primeiro semáforo virei à direita para entrar na rua que leva à minha casa. O rapaz seguiu em frente. Acenei para ele, que respondeu com um aceno também. Embora não nos conhecêssemos era como se tivéssemos nos unido pelos laços do desespero e da vitória.

– Cãezinhos, aquele rapaz era um anjo – eu disse. – Obrigada, Deus, por colocá-lo próximo de mim quando eu mais precisava.

Quando entrei em casa o telefone estava tocando. Sabia que era meu amigo.

– Cheguei! – disse ele.

– Pois é, mas eu não consegui chegar até o aeroporto. Houve um problema muito sério.

Peguei o controle remoto e liguei a televisão no canal de notícias. Fiquei chocada com as cenas que vi. O local onde havia passado estava totalmente submerso. Até os caminhões estavam boiando entre a 610 e a I-10.

– O que está acontecendo? – perguntou meu amigo.

– A cidade está um caos. Há inundação por toda parte. Não consegui chegar até aí. Um sentimento intuitivo me fez dar meia-volta. Tive um pressentimento de que algo muito ruim estava acontecendo.

– Está mesmo. O aeroporto está completamente lotado, há pessoas dormindo no chão e... deixe-me ver os monitores de informações. Não acredito! Todos os vôos foram cancelados.

– A televisão está mostrando mais imagens. Parece um pesadelo. Agora entendi por que parecia estar tudo tão escuro ao meu redor. Não era escuridão, era água! Água que já estava chegando à beira da estrada.

– Não se preocupe comigo. Fico feliz em saber que você está bem e em casa.

– Eu também – respondi.

Desligamos e eu continuei assistindo à TV. Não conseguia acreditar no que via. No final da tarde, os repórteres classificaram a inundação como a pior em 150 anos na região de Houston. À noite o incidente foi considerado desastre federal. A Cruz Vermelha estava trazendo reforços e ajuda. Os jornais de todo o país agora noticiavam "A grande inundação".

Às cinco horas da tarde assisti a uma entrevista com um motorista de caminhão que tinha sido obrigado a abandonar o veículo e nadar para se salvar. Para minha surpresa, estava exatamente no mesmo lugar em que eu tinha estado 12 horas antes.

– Não foi apenas uma enchente – disse o motorista. – A água veio em uma onda. Estava passando pelos carros e de repente todos pararam. Em poucos minutos meu caminhão começou a boiar. Tive de pular pela janela e nadar até um local mais alto. Os carros ao redor foram todos engolidos. Havia pessoas tentando se agarrar às cercas e subir por elas. Gostaria de ter tido a idéia de voltar antes, mas como faria com um caminhão daquele tamanho? Cheguei a ver alguns carros indo pela contramão, no acostamento.

Meus olhos quase saltaram das órbitas quando ouvi aquilo.

– Ele nos viu! – gritei para os cães.

Os três olharam para mim e sorriram à maneira que somente os *golden retrievers* sabem fazer. Era como se dissessem: "Sim, mamãe, fomos nós que dissemos para você voltar".

– Obrigada – disse, abraçando um por um.

Isso me lembra da pesquisa que fiz enquanto estava escrevendo *Wings of destiny*, meu romance histórico sobre o terremoto que sacudiu San Francisco em 1906. Horas antes de a terra tremer, cavalos começaram a relinchar, cães a latir, galos a cacarejar e coiotes a uivar nos morros. Foi um grande alerta, mas poucas pessoas ouviram.

Talvez essa pesquisa tenha me ajudado naquela noite. Meus bancos de memória provavelmente foram ativados naquela escuridão toda, alertando meus instintos animais. Também pode ter sido algum tipo de telepatia que estabeleci com meus cães. Ou então foi um anjo que sussurrou em meu ouvido.

Só o que sei é que escapei de um desastre iminente e serei eternamente grata por isso. ❦

A grande inundação — segunda parte

Na manhã de sábado em que ocorreu "A grande inundação" em Houston, meu amigo Alan saiu do terminal internacional do aeroporto imaginando que conseguiria tomar um ônibus até o terminal principal. Contudo, ao invés de fila e correria normais, encontrou a frente do aeroporto vazia.

"Parece até uma cidade-fantasma", pensou, coçando a cabeça. Não havia táxis, ônibus, carros, *vans* ou passageiros. Tudo vazio. A solução foi ir a pé até o terminal.

Por sorte a chuva já havia terminado e o sol surgia por detrás das nuvens. Quando entrou no terminal, ao lado da área de retirada de bagagem, levou outro susto.

"Mas o que é isso? Parece até uma cena do 'Segunda Guerra Mundial'!"

Centenas de pessoas estavam dormindo espalhadas pelos bancos, cadeiras e pelo chão. Bebês, crianças e adultos, todos juntos em um cenário caótico. Eram cinco e meia da manhã e a maioria parecia estar em sono profundo; alguns começavam a acordar.

Percebeu então a gravidade da situação. O que eu tinha dito pelo telefone não era exagero:

– A cidade parou.

Quando conseguiu atravessar o saguão, encontrou uma televisão ligada transmitindo notícias.

"Mais de seis mil passageiros tiveram de passar a noite no saguão do Aeroporto Intercontinental George Bush devido ao tornado Allison. Os funcionários dizem que não sabem quanto tempo irão durar os estoques de comida e água. Não há meio algum de transporte disponível. Todas as decolagens foram canceladas, mas ainda há aeronaves pousando, levando cada vez mais pessoas para o local."

Desanimado, Alan pensou: "Tem de haver uma maneira de sair daqui".

Subiu então para o andar principal na esperança de que o Restaurante Presidencial ainda estivesse aberto. Pegou o celular e telefonou para minha casa:

– Parece que não há mais comida ou água no saguão do terminal. Estou indo até o Restaurante.

– Alan, tente encontrar um lugar para descansar. Estão anunciando na TV que vocês podem ficar ilhados por dias!

– Eu não voei esse caminho todo para ficar preso em um aeroporto!

– Seja realista. Não há como sair daí.

– Isso é o que vamos ver.

O Restaurante ainda estava aberto e Alan encontrou uma mesa vazia. Telefonou para um amigo que morava mais para o norte de Houston, pois talvez ele conseguisse chegar até o aeroporto. Pelo menos teria um lugar para tomar banho, dormir e esperar até que a água baixasse. Mas o amigo também estava ilhado na própria rua de sua casa.

Telefonou novamente para mim e me pediu para tentar encontrar Giles, um motorista de táxi que sempre trabalhava para ele. Entrei em contato com o motorista mas ele me disse:

– Catherine, minha casa está inundada! Estou tentando salvar minha família. Por favor, reze por nós!

Desliguei o telefone e fiz uma prece. Creio que era o que todos na cidade faziam naquele momento enquanto assistiam aos noticiários. Cada vez mais histórias terríveis eram mostradas.

Já era hora do almoço e Alan estava cada vez mais cansado e enfurecido. Mas ainda tinha esperanças de encontrar uma maneira de chegar em casa. Foi novamente até a saída do terminal para ver se encontrava um táxi. Encontrou 500 pessoas com a mesma idéia. Desistiu.

Ouviu então alguém dizer que a cada 20 minutos ou meia hora um táxi conseguia chegar. Mas não havia sequer um ônibus no terminal!

"Se eu não conseguir um táxi dentro de meia hora vou alugar um armário para deixar minha bagagem e vou para casa a pé", resolveu.

Naquele instante, um táxi apareceu e dezenas de pessoas se jogaram sobre ele, gritando os nomes dos bairros para onde queriam ir.

O motorista saiu então do carro e disse:

– Impossível. Não há como chegar a lugar algum neste momento.

A turba se dispersou, esperando outro táxi aparecer.

Alan começou a imaginar que sua caminhada de mais de 30 quilômetros iria se transformar em realidade.

Mas o motorista do táxi veio andando em sua direção e perguntou:

– O senhor quer ir até Galleria, não?

– Sim, quero!

– Eu posso levá-lo.

– Como? Você acabou de recusar todos aqueles passageiros.

– Recebi uma mensagem de rádio de um colega. Ele conseguiu atravessar indo pelo norte da cidade em sentido Leste pela rodovia 1960 até a 290 Sul e...

– ... saindo pelo bairro de Galleria! – disse Alan.

O motorista sorriu:

– Sim. É isso mesmo.

Alan colocou a mão no ombro do rapaz e disse:

– Você acabou de descobrir como ganhar um bom dinheiro.

– Com certeza! – respondeu ele.

Por coincidência, uma parte do caminho que fizeram foi a que eu mesma havia feito na noite anterior. Passaram pelo mesmo lugar em que eu fui obrigada a andar contra o fluxo! Como a rodovia 290 fica em um terreno mais elevado, que vai do norte da cidade ao bairro de Galleria, não chegou a ser totalmente tomada pela água.

Enquanto seguiam pela estrada, Alan observava toda aquela destruição ao seu redor: estradas, casas e galpões inundados. Lágrimas lhe vieram aos olhos. Muitas pessoas ainda estavam nas pontes observando, impotentes, seus carros e casas perdidos.

"Já estive na guerra e sei que esta é uma situação diferente... mas não consigo acreditar que uma tragédia dessas esteja acontecendo aqui".

Chegou em casa são e salvo. Na mesma tarde veio me visitar e, enquanto conversávamos, percebemos quão próximos da morte estivemos. Os noticiários informavam que a inundação e a grande "parede de água" em que quase mergulhei meu carro começaram quando o Canal Internacional, próximo dali, inundou o afluente Buffalo Bayou, que deságua no grande canal que segue para o Golfo do México.

Nas semanas seguintes ainda acompanhávamos pela TV toda a devastação causada na cidade. Por sorte o local em que eu morava era alto e minha casa não foi atingida. Mas eu também não tinha como sair. Levou vários dias até que as ruas e estradas ao redor de meu quarteirão fossem liberadas. O sistema de comunicação também foi afetado. As linhas telefônicas não funcionavam.

A energia chegou a ser cortada. E mais de 20 pessoas foram encontradas mortas.

Uma das coisas que sempre amei e admirei em Houston foi sua gente. A boa vontade dos moradores em ajudar uns aos outros é incrível. Muitos heróis surgiram naqueles dias trágicos que eu gostaria de poder esquecer. Eram cidadãos comuns que saíam em barcos e canoas resgatando pessoas ilhadas nos telhados das casas. Histórias desses heróis que pulavam e nadavam contra a correnteza para salvar homens, mulheres e crianças do afogamento dentro de carros e caminhões se tornaram lugar-comum.

Um fotógrafo do *Houston Chronicle*, cansado depois de trabalhar a noite toda registrando imagens da tragédia, seguia para casa nas ruas escuras da cidade quando o motor de seu carro parou por causa da água. Ao descer do veículo foi arrastado pela correnteza e ficou preso em um fosso, lutando para manter a cabeça para fora durante mais de uma hora. Um motorista que passava em uma *pick up* jogou uma corda e o salvou. Diante dos agradecimentos emocionados do fotógrafo, o homem respondeu:

– Você não teria feito a mesma coisa se fosse eu que estivesse ali? – e foi embora.

Anjo? Ser humano? Em um momento de desespero não faz a menor diferença.

A mesma história se repetiu centenas de vezes.

Os hospitais da região (Metodista, Hermann e Episcopal St. Luke) foram fechados por falta de energia elétrica e os pacientes tiveram de ser transferidos para outros. Quanto à população, estávamos todos "grudados" nas telas das televisões assistindo, impotentes, à destruição de nossa cidade.

Em meio àquele caos descomunal eu assisti a uma reportagem no canal 13 sobre uma operação de emergência para salvar a vida de um paciente que sofria um transplante em uma parte afastada da cidade. Pessoas que tinham helicópteros particulares se uniram à "força conjunta" dos cidadãos e salvaram muitas vidas. Crianças foram retiradas de telhados, animais foram salvos de afogamento e centros de identificação e localização foram criados. Todos estavam empenhados em ajudar as famílias e seus animais de estimação a se reencontrarem. Mais de 600 bichinhos foram recebidos na sede da Sociedade Protetora dos Animais. A equipe trabalhou sete dias por semana, revezando-se no atendimento telefônico durante o período de crise. Cada vez que era noticiado o salvamento de um animal eu pensava em meus três cães e em como eu ficaria se algo acontecesse a eles. A maneira como todas as vítimas foram tratadas, inclusive os animais de estimação, encheu meu coração de alegria, orgulho e esperança.

O centro da cidade também foi inundado. Às 5h20 da manhã de 9 de junho as águas do Halls Bayou invadiram a área, cobrindo tudo. Foi a maior inundação já registrada na região, causando estragos calculados em mais de quatro bilhões de dólares.

Um homem que mergulhou para retirar as malas de sua filha do porta-malas do carro dela descobriu que havia uma caminhonete sobre ele.

Uma mulher que estava em um elevador se afogou quando chegou ao andar térreo pois, ao abrirem-se as portas, a água invadiu tudo. Vinte e duas pessoas morreram na região.

Quando as águas começaram a baixar, suprimentos de roupas, móveis e de tudo o mais que se pudesse imaginar nos foram enviados em socorro.

Uma das mensagens que recebemos dos anjos durante essa experiência é que estamos no mundo para servir a Deus ajudando as pessoas. Às vezes penso que esses desastres naturais acontecem para termos a chance de ajudar. Foi exatamente o que aconteceu durante aquela inundação: vizinhos salvaram vizinhos e estranhos salvaram estranhos.

Acima de tudo, todos fizemos muitas preces. Elas foram atendidas.

Um mês depois, a população da cidade toda ainda retirava entulho e colocava móveis e objetos para secar. Muitos esperavam a energia elétrica voltar para que suas vidas pudessem se normalizar. Os estacionamentos e garagens subterrâneas continuavam inundados. Centenas de casas estavam destruídas e muitas pessoas ainda moravam em abrigos ou na casa de amigos, sem ter para onde ir.

Hoje, grande parte das moradias, prédios e escritórios comerciais foram reconstruídos e as ruas, rodovias e pontes recuperados. A população de Houston jamais se esquecerá da "grande inundação". E nem de todos os anjos que se uniram para salvar as crianças, adultos e bichinhos de estimação.

Foi uma noite em que as próprias pessoas ouviram as preces umas das outras. ❦

Parte 2

A visita dos anjos

As histórias desta parte são a respeito daquelas visitas dos anjos que ocorrem enquanto estamos acordados e os vemos na forma humana. Não há nada de tão extraordinário nessas aparições. Não são seres com asas e seus trajes são os mesmos que se vê nas ruas, de acordo com a moda e a cultura do lugar. Falam a língua ou o dialeto regional. O propósito de suas visitas *não é* o de chamar atenção para si mesmos, e sim para o trabalho que vieram fazer.

Quando se fala em aparições de anjos, todos logo pensam em um ser alado que vem transmitir uma mensagem a alguém. Mas não é a esse tipo de visão que me refiro. Nesses casos o anjo não interage com as pessoas, nem realiza trabalhos ou curas. Vou explicar.

Quase todos já ouvimos histórias de figuras resplandecentes em longas túnicas brancas e grandes asas que falam com os santos ou profetas. São muito comuns na *Bíblia*. Mas hoje a maioria de nós se sente muito distante daquela época. É como se naquele tempo as pessoas tivessem mais chance de receber a visita de anjos do que agora. Mas será que não temos mesmo?

Há uns 15 anos conheci uma mulher (que chamarei de Kathy Gillian) em Houston, no Texas. Era uma vidente famosa. Atendia em uma espécie de *spa* perto de onde eu trabalhava, na região industrial. Já tinha sido entrevistada em uma série de programas de televisão e pelo jornal local. Nada de extraordinário nos dias de hoje, especialmente se considerarmos o número de programas de TV a cabo que são exibidos sobre paranormalidade.

Um dia fui ao apartamento dela para tratar de um evento de caridade que estávamos organizando. Enquanto conversávamos, perguntei-lhe se já tinha visto anjos. Ela disse que se lembrava de um dia, tinha quatro ou cinco anos, quando brincava em seu quarto, ter visto uma luz muito brilhante. Quando olhou em volta, as paredes e o teto haviam desaparecido. Era como se a matéria densa tivesse se transformado em luz etérea e energia. Viu então um anjo muito alto, loiro, de olhos azuis, usando uma túnica branca e uma corda dourada ao redor da cintura. Não conseguia definir se era homem ou mulher. Parecia ser os dois (ouço tantas histórias assim que hoje me refiro a esse tipo de anjo como andrógino).

Kathy não estava doente nem corria risco algum na época. O anjo apareceu apenas para dizer que ela não estava sozinha, que jamais estaria, que Deus a amava muito e que esta seria uma vida muito especial para ela. "Veria" e compreenderia muitas coisas que as outras pessoas normalmente não viam e não entendiam e por isso precisaria ter muita paciência com elas.

Depois de adulta, viu o anjo apenas algumas vezes, mas sentia que ele falava por intermédio dela cada vez que atendia a um cliente. Era como se estivesse o tempo todo por perto, fazendo com que se sentisse protegida e amada.

É uma história muito simples, mas que jamais esqueci.

Nesta segunda parte, contudo, as histórias que apresentarei mostrarão uma interação mais direta com os anjos. Na maioria das vezes em que isso acontece, as pessoas, nessa hora, ou correm risco de morte, ou passam por momentos de desespero que exigem a intervenção e a ajuda desses anjos.

Como recebo e ouço muitos relatos de "visitas de anjos" acabei estabelecendo um critério para apresentá-las. São do tipo em que:

1. O anjo parece surgir do nada e tem forma humana.
2. O anjo é uma pessoa desconhecida.
3. O anjo desaparece no ar logo depois de passado o perigo ou concluído o "salvamento"; ou vai embora sem dizer nada e nunca mais se ouve falar dele.

Há algum tempo fui a Los Angeles para uma reunião sobre meus livros. Um dos editores disse que tinha uma história interessante para contar sobre um anjo. Não estava em situação de risco, mas andava questionando algumas coisas em sua vida.

O anjo tinha a aparência de um homem de cerca de 40 anos, bem vestido e surgiu em um aeroporto de Boston durante uma tempestade de neve. Todos os vôos haviam sido cancelados. Passageiros se acotovelavam nos balcões e telefonavam desesperados tentando encontrar vagas em hotéis, todos lotados. A previsão era de que as tempestades durariam mais alguns dias. Os trens e ônibus também não tinham como sair da cidade.

O editor e a esposa estavam reclamando sobre a situação, quando o homem sentado ao lado deles no banco do saguão se ofereceu para hospedá-los enquanto não pudessem sair da cidade. Como não tinham para onde ir e não se sabia quanto tempo durariam aquelas tempestades, aceitaram.

O homem, ou melhor, o anjo, os levou para sua casa em uma rua tranqüila com casas simples, mas bonitas. O casal ficou ali durante dois dias e os três passaram o tempo conversando, cozinhando, jogando cartas e assistindo televisão. Quando o aeroporto voltou a funcionar, o dono da casa chamou um táxi para levá-los. Disse que tinha cancelado sua viagem de negócios e não precisava mais ir.

No meio do caminho em direção ao aeroporto, a esposa do editor se lembrou que havia deixado a camisola no banheiro da casa. Voltaram.

Quando chegaram ao local, a casa estava vazia, trancada e havia tábuas pregadas no lado de fora da janela da frente.

O motorista verificou se estavam no endereço correto. Não havia engano. Era ali mesmo.

Sem acreditar no que estava acontecendo, o editor foi até uma casa vizinha e perguntou por que aquela em que estiveram estava fechada e lacrada daquela maneira. O vizinho disse que estava abandonada havia anos e que tinha ouvido falar de um processo ou situação muito estranha envolvendo o terreno. Ninguém vinha reclamá-la ou vendê-la. Era realmente esquisito.

O editor, a esposa e o motorista saíram de lá certos de que tinham vivenciado algo muito fora do comum. A esposa achou que tinham sido acolhidos mesmo por um anjo, porque antes de cada refeição fazia uma oração dizendo sempre palavras profundas e de muita força. O editor concordou.

Mas e o motorista?

Não perguntaram o nome ou o telefone dele. Como não tiveram mais contato com ele, não sabem se voltou ao local ou qual foi a reação dele diante daquela história.

Na verdade, até hoje não têm certeza se o motorista era humano ou era um anjo também.

Por mais fantásticas e estranhas que essas histórias possam parecer, acredito que aconteçam para nos mostrar que os anjos surgem não apenas para nos ajudar em momentos de necessidade, mas também para nos lembrar de que estão sempre ao nosso redor.

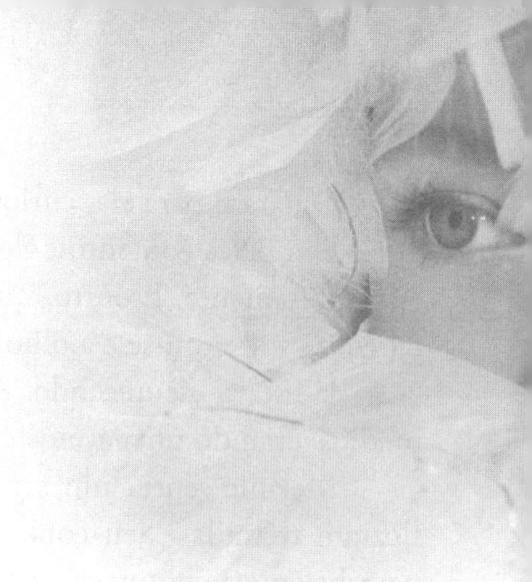

O anjo de Dallas

Nota da Autora: Quem me contou essa história foi uma leitora que veio à minha noite de autógrafos na livraria Barnes & Noble da cidade de Fort Worth, em junho de 2001.

Melanie circulava em um bairro, cheio de galpões de depósito em Dallas, procurando uma loja com bons preços que uma amiga havia lhe indicado. Ficou tão ansiosa pensando no que compraria que nem prestou muita atenção ao caminho.

Acabou se perdendo.

Deu mais uma volta no quarteirão para ver se encontrava a rua onde tinha passado antes e, de repente, ouviu um dos pneus do carro estourar. Parou e viu que a roda também estava danificada e que precisaria de um guincho.

Então, fora da carcaça metálica de proteção de seu carro, começou a olhar em volta. Estava em uma parte perigosa da cidade, sem celular e sem dinheiro trocado para usar um telefone público. Sentiu-se vulnerável.

Em uma esquina próxima, um grupo de adolescentes que estava parado, fumando e ouvindo música, ouviu o estouro.

Olharam para ela, curiosos.

Um deles comentou algo com o outro, que começou a rir estrondosamente. E outro, que se encostava preguiçosamente na parede, endireitou-se e a olhou de cima a baixo.

Já estava escurecendo. As sombras começavam a cobrir os prédios, criando uma atmosfera ameaçadora.

Melanie sentiu um arrepio. Começou a suar e suas mãos ficaram trêmulas. Seu coração batia rápido. Olhou em volta e percebeu que nenhum carro passava. Ninguém mais estava na rua, apenas aquele grupo de garotos.

Entrou em estado de alerta.

Perigo.

Instintivamente, fez a única coisa em que conseguiu pensar: uma prece. "Deus, me ajude".

Naquele instante surgiu do nada um furgão, que estacionou perto dela e um homem de meia-idade desceu. Bateu a porta com força como se quisesse mesmo chamar a atenção. Usava terno preto e colarinho branco alto, como um pastor ou ministro de igreja.

– E aí, precisa de ajuda, garota? – perguntou em tom jovial.

– Sim, preciso – respondeu Melanie, com nervosismo na voz.

– Não tenho como consertar essa roda, mas venha comigo. Tem um posto de gasolina aqui perto. Vamos ver se eles podem ajudar.

– Muito obrigada! – respondeu, enquanto o suposto pastor a ajudava a entrar.

– Não esquenta, garota. Vamos resolver essa parada em um minuto! – disse ele.

Entrou no furgão, deu partida e passou pela gangue olhando diretamente para os rapazes como a desafiá-los.

Virou uma esquina, depois outra e mais outra e chegou a um posto de gasolina que parecia novo.

– Puxa, estava tão perto!

– Você só tem que saber para que lado olhar – respondeu ele, rindo.

Desceram e foram falar com dois funcionários que pareciam estar em um momento de folga:

– Gente, esta moça precisa de ajuda urgente.

– O que aconteceu? – perguntou um deles.

– Um pneu de meu carro estourou. Não me lembro exatamente do nome da rua, mas fica a três quarteirões daqui – disse ela.

Virou-se então para o "pastor" e perguntou:

– O senhor se lembra...?

Mas ele havia desaparecido.

– Para onde ele foi? – perguntou Melanie.

O funcionário do posto, que estava ajeitando seu boné, olhou para frente e disse:

– Ora, está bem aqui... mas o que é isso? Onde está o furgão? – perguntou, olhando ao redor. – Como é que ele saiu tão rápido?

Melanie sorriu e disse:

– É porque não era um homem. Era um anjo.

Os dois funcionários olharam um para o outro, coçaram a cabeça e disseram:

– É, um anjo da guarda! ❦

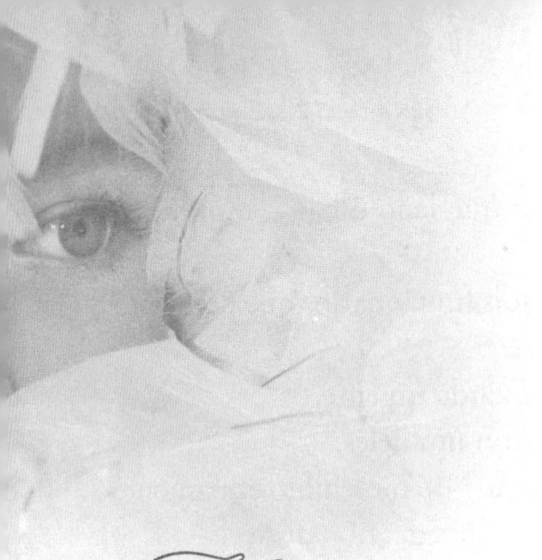

Luz divina

Há 20 anos tenho uma grande amiga de que gosto muito chamada Cherry. Já passamos por todos os obstáculos, dificuldades, alegrias e vitórias que duas amigas podem passar. O laço que nos une é indestrutível. Resistiu a doenças, divórcios, nascimento de netos e até mortes. Cherry chegou a cuidar de um filhote de meus cães Bebe e Beau. Demos a ele o nome de Copper, em homenagem a um cão com esse nome que ela teve e que falecera havia alguns anos. Dizer que somos como irmãs é pouco.

Mas até alguns dias atrás eu não sabia que ela tinha uma irmã falecida, chamada Shine. Não sei por que nunca fiquei sabendo.

Toda vez que penso em Cherry, que é muito bonita (loira, alta e de olhos verdes), vejo uma luz branca ao seu redor. De todas as pessoas que conheço, ela é a que mais "brilha".

Pode-se então imaginar minha surpresa ao saber da história. Fiquei imaginando se a luz branca não seria sua irmã brilhando do "outro lado".

Shine era totalmente diferente dela. Tinha cabelos e olhos castanhos e uma tez mais morena. Era cinco anos mais velha. O pai delas, Chad, esteve na Segunda Guerra Mundial. Quando voltou para casa, mudou-se com a esposa, Cyd, e as meninas, de Kentucky para o Texas.

Shine quase não teve contato com o pai, que passou muitos anos na guerra enquanto ela ainda era pequena. Ainda assim, foi uma criança alegre e criativa, muito carinhosa com todos, mesmo com estranhos. Adorava dançar, cantar e inventar canções. Chegou até a criar um disco. Sua diversão predileta era se apresentar para as pessoas, fossem elas da família, amigos ou visitas. Tinha mesmo muito talento.

Desde pequena, comentava com a mãe sobre seus "amigos imaginários". Como o marido estava sempre longe de casa, Cyd não dava muita importância e até entendia que a filha tivesse suas fantasias. Não a reprimia e deixava que falasse sobre tudo. Às vezes, até colocava um prato e talheres extra à mesa para o "doutor Smith". Shine era a intérprete dele nas conversas. Cyd realmente pensava que, devido à ausência do pai, sua filha sentia falta de uma presença masculina. Fazia sentido ter "criado" o doutor Smith.

Às vezes, Shine ia ao quarto da mãe à noite e pedia para dormir com ela. Mas claro, tinham de deixar espaço para o "doutor Smith". Quando o pai retornou da guerra, Cyd pensou que o amigo imaginário logo desapareceria.

Mas não foi o que aconteceu, muito ao contrário. As histórias da menina sobre seus amigos se tornaram ainda mais freqüentes, ou pelo menos era o que parecia.

Um dia, quando Shine tinha cinco anos, foi brincar no jardim enquanto sua mãe, grávida de três meses de Cherry, estava lavando a louça.

– Mãe, mãe! – gritou a menina, entrando de repente na cozinha.

– O que foi? – perguntou Cyd.

– Acabei de ver Deus.

– O quê? Mas onde?

– No quintal!

Cyd enxugou as mãos e chamou a menina para se sentar à mesa. Segurou seu rosto e olhou-a nos olhos com carinho, dizendo:

– Como ele é?

– Não deu para ver o corpo todo, apenas a mão.

– Mas o que Deus estava fazendo em nosso jardim?

Shine respirou fundo e respondeu:

– Ele quer que eu vá ficar com ele.

– Mas onde?

– No céu.

Cyd sentiu um arrepio na espinha. Abraçou com força a menina, e disse:

– Não diga isso, minha filha.

– Mas não fui eu quem disse. Foi Deus. Você deveria ter visto. Ele é maravilhoso.

Soltou-se dos braços da mãe, perguntando:

– Você está chorando, mamãe?

Cyd levantou-se, virou para o outro lado e respondeu:

– Imagine! Que bobagem. É claro que não. Agora vá brincar.

Voltou a lavar a louça, mas suas mãos ainda estavam trêmulas. Algo lhe dizia que aquilo não tinha sido apenas imaginação da mente criativa da filha. Porém, a idéia de morte não fazia o menor sentido. Shine nunca tinha ficado doente. Era uma criança ativa e saudável. E ela, como mãe, jamais deixaria que algo acontecesse com a filha.

"Tenho de observá-la mais de perto e ter cuidado para que não se machuque enquanto brinca. Ela vai ficar bem, tem que ficar", pensou Cyd.

Duas semanas depois, Shine teve encefalite e faleceu. Foi exatamente como ela havia descrito: Deus esticou a mão e a levou para "casa".

Cherry nasceu seis meses depois da morte da irmã. Mas sente que Shine está sempre com ela. Embora não tenham se "conhecido" nesta vida, as duas são unidas pelo espírito.

O anjo do hidrante

Creio que algumas pessoas jamais sofrerão daquilo que chamo de "síndrome do artista faminto". É um dos motivos pelos quais evitei seguir minha missão divina durante muito tempo. Como minha formação acadêmica é nas áreas de literatura e história, conheço muito bem a biografia de Hemingway e de outros que, como ele, viviam de frutas apodrecidas e dos pombos que conseguiam acertar com estilingue no Jardin des Tulleries, em Paris. Muito inspirador, mas na vida real não funciona.

Houve uma época em que acreditei estar vivendo a pior fase de minha vida. Não podia reclamar, pois tinha uma casa para morar em Indiana e estava trabalhando com minha mãe e minha irmã, mas o resto de minha vida estava um caos. Sentia muita falta de meu filho, de minhas amigas em Houston, daquele trânsito maluco da cidade, do cheiro de comida mexicana e do gostinho das margueritas bem geladas. E também das livrarias e de meus amigos que trabalhavam nelas, das azaléias na primavera e do barulho dos cortadores de grama. O mais estranho é que eu detestava tudo enquanto morava lá. Agora sentia falta dos dias quentes e abafados em que o suor corria pela minha testa e borrava minha maquiagem, e dos estranhos que me cumprimentavam nas ruas perguntando "como vai?" Resumindo: morria de saudades do Texas. Ponto.

Nos fins de semana escrevia sem parar esperando que alguma editora publicasse um de meus romances. Ter um livro publicado não é garantia de contratação. As editoras se unem, compram umas às outras, trocam os escritores, vão à falência ou os editores pedem demissão. Nunca se sabe o que vai acontecer.

Já nós, escritores, continuamos escrevendo. Mas sem um contrato somos apenas artistas sem dinheiro. Era essa a minha situação. Tinha uma série de histórias prontas, mas nenhum contrato para publicá-las.

O lugar em que morava me deixava ainda mais deprimida. Era uma garagem transformada em escritório onde estavam meu computador, meus livros e minha papelada. Não tinha nenhum tipo de aquecimento ou isolamento térmico. Quase morria congelada nos dias mais frios. Da janela via-se apenas um *trailer* velho e enferrujado jogado nos fundos do jardim do vizinho e, da porta, a torre de um grande depósito de água, também muito velha e com a pintura descascando.

A fuligem do engenho Gary Steel, que ficava próximo, se espalhava pelo ar, congelando junto com os cristais de neve e se acumulando na janela. Eu me sentia como Dickens, autor que viveu na Inglaterra no início do século 19, durante a Revolução Industrial, que descrevia muito bem cenas deprimentes desse tipo.

Para piorar, parecia haver uma aura de negatividade e falta de esperança naquela cidade. Era algo quase palpável e parecia atacar a todos que tentavam escapar ao seu domínio. Muito pior que uma doença fatal ou que depressão, pois mesmo contra elas conseguimos lutar. Aquela nuvem insidiosa drenava minhas forças, diminuía minha auto-estima e fazia sentir-me frustrada, achando que meu trabalho não era bom. Já nem acreditava mais em minha missão divina.

"Se Deus quer que eu seja escritora, por que não consigo viver do meu trabalho?"

Era uma questão clara, de pura lógica, eu pensava.

Em uma noite do mês de maio me arrastei como sempre até a cama depois de mais um dia frustrante, sem sequer imaginar que os anjos estavam prestes a me visitar, e também à minha irmã, que morava na cidade vizinha. Minha vida estava para se transformar radicalmente.

Sonhei que estava sobre uma maca, na sala de cirurgia de um hospital. Uma equipe médica estava ao meu redor. Meu corpo estava inerte, sob efeito de um anestésico, mas eu estava consciente. Conseguia ouvir tudo o que diziam e percebia o que se passava.

Cheguei a pensar: "Puxa, mas que anestésico maravilhoso!"

O médico à minha cabeceira, que parecia envolto em um halo de luz, me examinou mais de perto e disse:

– Ela está morrendo.

– Creio que não, doutor – disse a médica ao seu lado. – Verifique o fluxo sanguíneo.

Ele então puxou o meu braço e fez um corte nele. Não senti dor.

– Sem sangue – disse ele.

Levei um susto.

– Como assim, sem sangue? – perguntei.

– Não há sangue em suas veias, Cathy.

– Mas como, se estou viva?

A médica respondeu:

– Nem tanto.

– Sim, é isso mesmo – ele concordou. – Veja. Seu sangue já se transformou em pó. Um pó rosado. Nem vermelho é mais.

– Por que isso está acontecendo? – perguntei, em pânico.

– Suas emoções estão desaparecendo – ele respondeu.

– Você está perdendo a vontade de viver – disse a médica.

"Então é isso? Estou seca por dentro?", pensei perplexa.

Eles começaram então a recolher seus instrumentos.

– Podemos fazer mais alguns exames se você quiser.

– Quero, sim! – respondi, revoltada. – Eu... vou viver. Vocês vão ver só! – gritei enquanto me levavam para fora da sala de cirurgia em uma cadeira de rodas.

Então, acordei, encharcada de suor e com o coração aos saltos. Examinei meus braços, pernas e corpo. Estava tudo bem.

Olhei para a torre do depósito de água lá fora. A tinta dela parecia ainda mais desgastada, se transformando em pó, exatamente como o meu sangue.

"Chega! Detesto esse lugar! Vou colocar minha vida nos eixos!"

Saí às pressas da cama e me vesti rapidamente para ir trabalhar na loja de Nan. Quando estava abrindo a porta o telefone tocou. Era ela.

– Cath, tive um sonho muito estranho. Você estava morrendo.

– O quê? – Senti um arrepio no corpo todo. – Impossível! Eu também sonhei com isso!

– Em meu sonho você estava no tribunal para ser julgada – ela disse.

Aquilo me surpreendeu. Um tribunal? Já ouvi muitas histórias de pessoas que morreram e voltaram, mas que, enquanto estavam do "outro lado", enfrentaram um "júri" de "seres de luz". São sempre em número de três a cinco, têm aparência masculina, vestem longas túnicas brancas e conversam com essas pessoas sobre sua vida. No meu caso, tive o grande privilégio de ver o próprio Jesus (veja "A morte é um anjo"), mas muitas pessoas dizem que estiveram frente a esse "júri".

No entanto, Nancy nunca havia lido livros sobre o assunto. Sua área de especialidade era consultoria financeira e administrativa ou, no máximo, biografias de grandes empresários.

Administrando sua loja seis dias por semana, dez horas por dia, cuidando de três filhos, ajudando Dave com seu consultório odontológico, além de seu trabalho na Comissão de Turismo da cidade, na Câmara de Comércio e na igreja, a última coisa em que Nan poderia pensar era em literatura de outras áreas.

Portanto, eu tinha certeza de que ela não sabia do que se tratava o tribunal e que estava descrevendo com total objetividade o seu sonho.

– Nan, como eram as pessoas nesse tribunal?

– Eram três homens usando túnicas brancas. Tinham bastante idade. Seus cabelos e barbas eram brancos. Estavam sentados atrás de uma bancada alta, exatamente como os jurados em uma corte. Disseram que a levariam para o céu e eu estava lutando para que a deixassem ficar. Lembro-me de ter dito algo do tipo: "Ela é minha irmã e não vou permitir que a levem. Vocês não vão fazer isso".

E continuou:

– Chamavam a si mesmos de "membros do tribunal". Era como eu me referia a eles.

– Sim, sei do que se trata, Nan. Já ouvi diversas histórias sobre esse júri.

– Você deve estar brincando! Não foi sonho, então? Eu estive mesmo lá?

– É bem provável que sim.

– Era tudo tão real, tão sério. Parecia que estava mesmo acontecendo. Não sei como explicar.

– E qual foi o veredicto? – perguntei.

– Disseram que você mesma tinha decidido não ir mais para o céu.

Ela pensou por um instante e, então, perguntou:

– Você vai voltar para o Texas?

Quase deixei cair o telefone.

– Como você sabe?

– Não sei.

– Bem... eu também não sabia até hoje de manhã. Mas tenho de ir. Vou acabar morrendo se ficar aqui. Este lugar está me fazendo muito mal.

– Então vá.

Peguei o carro e, durante os 40 minutos de caminho até La Porte, fui observando a paisagem e as montanhas de Indiana. Ainda gosto do lugar, especialmente das lembranças da infância, mas ali não é mais o meu lar.

Quando cheguei à loja disse à minha mãe:

– Venha comigo – e peguei em sua mão.

– Aonde vamos?

– Tomar um café da manhã atrasado e almoçar adiantado. Pode ir pensando no cardápio.

Fomos a um restaurante que ficava ali perto. Enquanto tomávamos uma xícara de café ela disse:

– Sabe, nunca vi você tão triste. Quando é que vai resolver voltar para o Texas?

– Mãe, só para começar, um caminhão de mudança daqui para o Texas custa mais de mil dólares.

Ela pegou a bolsa, tirou o talão e preencheu um cheque.

– Mãe! – eu disse, olhando para o cheque com lágrimas nos olhos.

– Não precisa agradecer. Tem certeza de que é suficiente? Não tenho muito dinheiro disponível, mas posso...

– Não se preocupe. Vou dar um jeito de arrumar um emprego por lá antes de ir. Creio que Shelby pode me alugar sua casa de praia por uns tempos. Tenho meu computador e muito papel para imprimir meu trabalho. Ryan e Christy estão construindo uma casa e ainda não têm mobília. Vou dar a eles os móveis que tenho aqui. Vão precisar deles muito mais do que eu. Isso vai me ajudar a economizar na mudança e, bem, de resto creio que Deus me mostrará o caminho certo.

– Com certeza – disse ela.

Na mesma noite telefonei para minha amiga Shelby, que mora em Houston, e perguntei quando sua casa de praia estaria vaga. Infelizmente já estava alugada para toda a temporada, até outubro.

– Catherine, quando pretende vir? – ela perguntou.

– Logo depois do evento Book Expo Convention, em três de junho.

– Faltam apenas duas semanas. Que interessante...

– Como assim, interessante?

– Costumo alugar um quarto aqui em minha casa que era de minha filha. Você não gostaria de ficar nele?

– Nunca pensei em alugar um quarto. Que estranho... hoje de manhã disse à minha mãe que queria dar minha mobília a Ryan e Christy, que estão indo para uma casa nova. Eles têm pouca coisa, só o que trouxeram dos quartos que usavam na universidade. Se eu der meus móveis a eles vai sobrar apenas uma mesa, uma cadeira, um computador e algumas roupas.

– Bem, do que mais você precisa para vir morar comigo?

– Shelby, você é um anjo. É a resposta às minhas preces!

– Você é que vai ser meu anjo. Vou passar por uma cirurgia no pescoço em julho. Você me ajuda na fase de recuperação e o quarto é seu. Que tal?

– Negócio fechado!

Nas duas semanas seguintes encaixotei minhas coisas, guardei meus livros no sótão da loja de Nancy, fui para a Book Expo e em seguida aluguei um caminhão para fazer a mudança. Pedi a um amigo de Nancy que levasse meu carro e fui dirigindo o caminhão.

Na manhã da mudança Dick e Marti Davis foram meus anjos. Nancy e eu tínhamos feito tudo errado ao empacotar as coisas. Como Dick já tinha trabalhado com mudanças, sabia exatamente como organizar tudo dentro das caixas e do caminhão. Levamos quatro horas para refazer tudo. Passei então a noite na casa de minha mãe e, no dia seguinte, logo cedo, parti para o Texas.

Quando atravessei o bairro em que tinha morado até aquele instante, ainda pude sentir a angústia e a negatividade que pairavam no ar. Não sentia o menor remorso em partir.

Alguns quilômetros depois, quando já estava próximo à saída da cidade, vi um garoto sentado sobre um hidrante.

Tinha uma aparência estranha e nunca o havia visto. Era tão branco e loiro que parecia albino. Tão magro, que seu rosto tinha reentrâncias e olheiras. Usava roupas surradas e estava descalço.

Fez-me lembrar do livro *Um cântico de Natal* [*A Christmas carol*] de Charles Dickens, que descrevia as crianças famintas que moravam nas ruas de Londres. No filme baseado nessa obra [*Fantasma de Natal*], o fantasma levanta suas vestes e mostra, agarradas às suas pernas, algumas dessas crianças.

Sempre disse que minha vida se parecia com a de Dickens. Ver aquele garoto sentado sobre o hidrante me fez acreditar ainda mais nisso.

A luz vermelha do semáforo se acendeu e eu parei, ainda olhando para o garoto no outro lado da rua.

Ele sorriu para mim.

Sorri também.

Levantou então a mão e me mostrou o polegar, em sinal de que estava tudo bem.

Fiz o mesmo para ele.

– Está tudo bem, mesmo! – eu disse. – Estou indo embora.

– Que bom, você está indo embora! – ele gritou.

O semáforo abriu e eu avancei, ainda com o polegar erguido para o menino. Mas de repente percebi que ele não poderia ter ouvido o que eu disse dentro do caminhão.

Ainda assim, repetiu minha frase:

– Você está indo embora!

Olhei pelo espelho retrovisor para ver se ele ainda estava com o polegar erguido. Mas ele havia desaparecido. Não tinha como ter se levantado e saído assim, tão rapidamente! Foi apenas uma fração de segundo.

Obviamente, desapareceu de propósito.

Aquele pequeno anjo apareceu para dizer que eu estava no caminho certo e que, mesmo indo para o Texas sem emprego e com apenas um quarto para ficar, tudo daria certo. Tudo seria como tinha de ser.

Minha vida melhoraria. Eu só precisava ter fé. ❦

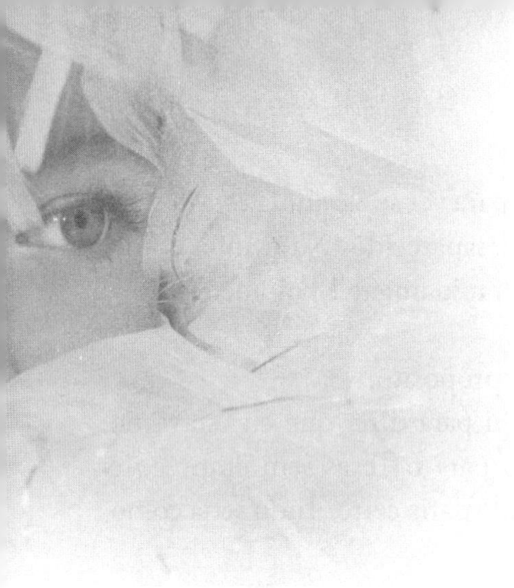

Clare e o anjo vivo

Nota da Autora: Essa história é de Jim Keating.

Uma vidente disse à minha esposa, Clare, que uma mulher loira muito bonita apareceria para ela à noite, perto de sua cama. Ela ficou na expectativa durante muito tempo, mas isso nunca aconteceu. Até que um dia esquecemos o assunto.

Mas em uma madrugada, quatro anos depois, pouco antes do amanhecer ela viu uma mulher ao pé de sua cama, exatamente como a vidente havia previsto. Devo lembrar que ela não estava dormindo, e sim acordada quando isso aconteceu.

O mais estranho é que a mulher ainda estava viva e Clare a conhecia. Morava longe e as duas não tinham mais contato. Na verdade era alguém que ela havia ofendido anos antes, e ainda se sentia culpada por isso.

Só se podia ver a imagem da mulher da cintura para cima. Ela emitia algo parecido com filetes de luz dourada; era esfumaçada como gelo seco. A presença dela transmitiu a Clare muito amor e uma sensação de que a perdoava. Foi estranho ver alguém que ainda está vivo surgindo assim, mas para ela a mensagem de que estava perdoada trouxe um grande alívio.

Até hoje ficamos imaginando como a alma pode viajar daquela maneira fora do corpo. Talvez a mulher soubesse que Clare se sentia culpada pelo que fez e, escutando suas preces, foi até ela.

Quem sabe nossas preces não são realmente ouvidas e atendidas... mas de maneiras que nem sequer imaginamos. ❦

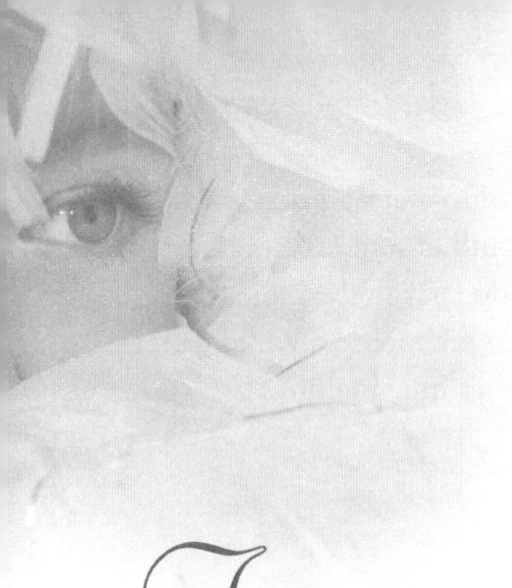

O homem misterioso

Fantasma ou anjo?

Como saber se aquela imagem que surge de repente no meio da noite ou no corredor das casas, chamada mal-assombrada, é um fantasma ou um anjo?

Tenho uma opinião a respeito. Acredito que se um espírito aparece para que as pessoas o vejam ou sintam sua presença, trata-se de um fantasma. *Um fantasma tem ego.* Sua personalidade e sua necessidade de permanecer ligado a este mundo fazem dele um fantasma ou aquilo a que chamamos "aparição".

Um anjo pode aparecer na forma humana e depois desaparecer diante de nossos olhos. E tem sempre um propósito específico, normalmente o de salvar vidas.

Andrew, filho de minha amiga Vicki, estava na faculdade quando teve uma experiência diferente.

Vinha pela estrada, voltando para casa do trabalho em um final de tarde. Estava muito cansado. Chegou então a um cruzamento com a via férrea e viu que a trava de segurança estava erguida e o alarme que anunciava a passagem de trens não estava tocando. Imaginou que podia atravessar com segurança.

Acendeu os faróis e seguiu em frente, já pensando no banho quente e no jantar. O rádio estava ligado e ele não ouviu barulhos no lado de fora.

Quando os pneus estavam quase tocando os trilhos um homem surgiu de repente na frente do carro.

Andrew pisou no freio com força e parou imediatamente.

O homem ficou olhando para ele.

"Mas de onde ele veio?", pensou. Olhou para os lados e para trás. Não o tinha visto correr ou andar até ali. Só se tivesse caído do céu.

Em menos de um segundo uma buzina forte tocou e um trem surgiu à toda velocidade, passando rente ao carro.

Andrew levou um susto enorme. Esperava ver sangue e partes do corpo do homem espalhados em seu pára-brisa, mas nada aconteceu. Olhou pela janela e não viu nenhum sinal de sangue, de partes de um corpo ou de roupas.

O trem passou e deixou para trás um rastro de escuridão.

Mas a trava não desceu, a luz de alerta não acendeu e a campainha não tocou.

E não havia o menor vestígio do homem.

Andrew saiu do carro, olhou bem para ter certeza de que não havia outro trem se aproximando e examinou os trilhos. Ninguém tinha sido atropelado ali.

Olhou em volta mas não encontrou o homem. Chamou em voz alta mas ninguém respondeu.

Sentiu um arrepio pelo corpo enquanto entrava no carro. Suas mãos tremiam quando pegou na direção. Quase não conseguiu dar partida ao motor.

– Não é possível. Coisas assim não acontecem comigo! – disse.

Avançou lentamente sobre os trilhos, olhando para os lados, mas não havia sequer sombra de alguém andando pela estrada ou pelo acostamento.

Para a maioria das pessoas, é muito difícil entender ou aceitar esse tipo de coisa, mas não para Andrew. Desde pequeno sua mãe lhe falava dos milagres que aconteciam em sua família.

Enquanto seguia pela estrada, um pouco mais calmo, pensou: "Não há mistério algum. Aquele homem era meu anjo guardião".

Ergueu os olhos para o céu estrelado e disse:

– Obrigado. Obrigado por salvar minha vida, meu anjo protetor. ❦

Parte 3

Os milagres dos anjos

Uma das canções do musical *Flower drum song* [*Flor de lótus*] tem uma mensagem espiritual que jamais esqueci. A letra diz "centenas de milagres acontecem todos os dias".

Esses milagres fazem parte de nossa vida cotidiana. Um bom exemplo disso são as flores e a grama, que nascem toda primavera. A gestação e o nascimento de uma criança também, especialmente para a mãe que a carrega no ventre.

Os milagres realizados pelos anjos também são assim; pequenos acontecimentos que podem não significar muito ou até passar despercebidos para as pessoas, mas que iluminam e modificam totalmente nossas vidas. São pequenos fatos que ocorrem como "resposta" àquelas perguntas que vivem nos atormentando. Quando entendemos a mensagem, passamos a ver o mundo com outros olhos.

Você já trabalhou em algum lugar onde os colegas parecem querer sabotar e atrapalhar o que você faz? Ou apenas um deles, mas com tanta determinação que parece conseguir destruir até o mais simples de seus projetos? Rouba suas idéias, recebe crédito por seu trabalho e até consegue fazer com que você seja demitido.

De repente o chefe o chama à sua sala para conversar. Você entra em pânico. Não pode perder o emprego. O sustento de sua família depende dele. Além disso, gosta muito do que faz, independentemente do fato de seus colegas de trabalho não serem tão cordiais.

Vai até a sala dele, imaginando que está prestes a ser demitido. Enquanto ouve a ladainha de reclamações a seu respeito, faz uma prece aos céus. Então, de repente, sente um ímpeto de coragem. Mal consegue acreditar no que começa a dizer. Com uma convicção fora do comum, inicia um discurso equilibrado, com palavras que sequer se lembrava que conhecia. Sua autoconfiança é quase palpável nesse momento.

Seu chefe fica impressionado. Como é um bom administrador, avalia os dois lados da questão. Ouve com atenção e agradece. Demonstra respeito e consideração como nunca, o que aumenta ainda mais sua autoconfiança.

No mês seguinte são anunciadas algumas promoções, inclusive a sua. Ou, ainda que não seja promovido, recebe um bônus ou aumento que não esperava, o que já melhora sua auto-imagem. Pela primeira vez *ousa* sonhar com uma mudança de carreira e com uma vida melhor. Pensa em continuar seus estudos, fazer cursos ou procurar um emprego ainda melhor. Os parâmetros se modificam e os horizontes se ampliam.

Aquele momento na sala de seu chefe foi uma intervenção dos anjos. Eles o ajudaram a encontrar as melhores palavras para mudar a situação, lhe deram forças e a coragem de um lutador.

Foi algo muito especial, que pode ter alterado totalmente a sua vida. Se seu chefe percebeu o que estava acontecendo? Não. Se isso alterou a vida ou a carreira de seus colegas? Também não.

Até mesmo aquele colega perverso pode não ter notado a diferença. Como foi apenas um instrumento da energia utilizada para gerar o conflito, pode não ter percebido o resultado de suas ações. Ou pode estar com medo de ser descoberto. Pessoas falsas e manipuladoras não se preocupam com as outras, não são capazes de perceber a coragem e a força delas e muito menos a intervenção dos anjos. Preocupam-se apenas consigo mesmas.

Não acredito em "coincidências" ou "acidentes". Não acredito que o universo seja um caos. Basta prestar atenção no que ocorre ao seu redor para perceber que Deus cria e encaminha tudo com perfeição, espalhando amor incondicional em cada ser. E este amor gera ordem, beleza e abundância.

Porém, quem procura problemas acaba encontrando. Pessoas que fazem de tudo um "drama" atraem negatividade e dificuldades. Passam a vida girando em círculos, sem atingir seus objetivos e causando problemas para todos.

"Coincidências" são pequenos intervalos de tempo em que aspectos humanos e divinos se unem para criar um milagre. Deixe-se surpreender por esses momentos. Agradeça a Deus e aos anjos por lhe concederem essa graça. Se começar a prestar atenção a esses pequenos milagres eles acontecerão com maior freqüência e intensidade e chegarão a tal ponto que cada dia, mês e ano de sua vida vão se transformar em experiências divinas e harmoniosas. Isso pode ser tanto a ajuda de um ente querido, que já partiu mas ainda se preocupa com você apesar de estar do "outro lado", quanto a mais pura intervenção divina. Os pequenos milagres acontecem para mostrar que não estamos sós. Estamos sempre sob os cuidados dos anjos. ❦

A grande piada de Gerry

Meu amigo Gerry morreu em 16 de dezembro de 1998. Poucas pessoas sabiam que estava doente, pois era orgulhoso e jamais diria a alguém que "estava para morrer".

No dia em que faleceu, em New Orleans, sua esposa, Darma, me telefonou. Prometi a ela que iria ao funeral. Viajei até a cidade em que estavam e fiquei para o enterro. Foi um momento muito difícil para Darma. Ela não sabia que o marido tinha câncer.

Eu conhecia Gerry havia pouco mais de um ano. Mas desde a primeira vez que o vi percebi, por seus olhos amarelados, que tinha câncer no pâncreas. Infelizmente não o conheci quando tinha saúde perfeita. Mas no pouco tempo em que tivemos amizade estabelecemos uma conexão muito forte em nível mental e espiritual. Pelo menos era assim que eu me sentia. Não sabia se ele tinha a mesma sensação.

Um ano depois de sua morte, em fevereiro de 1999, fui convidada a participar de uma convenção da Associação nacional dos produtores e executivos de televisão [NATPE – *National association of television producers and executives*] em New Orleans (hoje, o evento ocorre em Las Vegas).

Já tinha morado em New Orleans entre 1973 e 1977, até meu filho completar um ano e meio. Era uma pequena casa perto do rio e da estrada Veteran's Memorial, em Metairie. Guardo boas lembranças daquela época. Costumava sair com ele para passear no bairro French Quarter, visitar lojas de antiguidades e comprar doces. Ouvíamos cantores de jazz no Jackson Square e jogávamos moedas em seus chapéus pretos, que deixavam na calçada enquanto cantavam. No inverno íamos ao mercado das pulgas no bairro dos depósitos de algodão. Eu vendia meus arranjos de flores secas e Ryan ficava me esperando, sentado próximo à linha do trem, mascando pedaços de cana.

New Orleans era um verdadeiro lar para nós. Eu conhecia cada bairro e cada rua. É um daqueles lugares como San Francisco, que jamais se modifica. Por mais que os prédios e arranha-céus se espalhem, o clima romântico permanece nos bairros e no centro.

Durante a convenção fiquei na casa da filha de minha prima, Sonja, casada com Bob Berle. Os dois tinham uma filha recém-nascida chamada Lila. Foi muito bom vê-los novamente. Parecia ter se passado um século desde seu grande e inesquecível casamento, três anos antes. Agora eu veria sua filhinha.

Os dois moravam em uma casa que era patrimônio histórico no bairro Garden District, e a estavam restaurando. Quando vi o endereço me lembrei imediatamente do lugar.

Aluguei um carro no aeroporto e comprei um mapa da cidade, para não me perder. Telefonei para Sonja e disse que chegaria dentro de meia hora, em tempo para o jantar.

O caminho era quase uma reta. Pegaria a estrada I-10 e usaria a saída de Garden District. Enquanto dirigia me lembrei da época em que morava em New Orleans. Passei em frente a um *shopping center* em que costumava fazer compras e vi a saída que usava para ir para casa. Mas como tinha avisado que chegaria logo não tive tempo para passear por meu antigo bairro. Não via a hora de abraçar Sonja e Bob, e de conhecer Lila.

Continuei então pela estrada, prestando atenção às saídas.

"Puxa, há diversas saídas novas que eu não conhecia", pensei, reduzindo a velocidade por causa do trânsito.

Liguei o rádio e procurei uma estação de jazz. Quando passava pelo centro, senti um arrepio.

"Há algo de errado", pensei, abrindo o mapa. Mas o trânsito era tanto que eu não conseguia chegar à faixa da direita e parar no acostamento para verificar. Segui em frente mas percebi que já tinha passado a entrada de Garden District.

Peguei a primeira saída e caí em uma encruzilhada com ruas e saídas que não conhecia. Levei 20 minutos e dei muitas voltas para conseguir voltar à rodovia. Redobrei a atenção para não perder novamente a saída de Garden District, mas algo muito estranho aconteceu. Em um piscar de olhos passei a saída para o centro da cidade, e estava novamente diante da placa de Metairie, o bairro onde tinha morado!

Não conseguia acreditar. Tenho um bom senso de direção. Como podia me confundir em uma estrada que conheço tão bem? Peguei então a saída seguinte, fiz o retorno e voltei no sentido contrário.

Não havia como errar desta vez. A placa era bem legível, afinal, quase todos os turistas que visitam New Orleans vão para Garden District ou French Quarter.

Mas por incrível que pareça, acabei indo parar no centro novamente. Passei a entrada de French Quarter!

Esmurrei a direção, repreendendo a mim mesma por ser tão descuidada e desatenta. Saí da estrada novamente, peguei o primeiro retorno e voltei. Mas desta vez a distância que teria de voltar era menor.

Tentei me convencer de que, depois de tantos anos morando em Houston, a quarta maior cidade dos Estados Unidos, eu poderia ter perdido a noção de distância, já que New Orleans é bem menor.

Logo à frente estava a placa de saída para Metairie Park. E me chamou tanto a atenção que, por algum motivo, decidi: "É aqui mesmo que eu vou entrar!" E joguei o mapa no banco de trás.

No instante em que virei e passei por baixo da ponte, parei no semáforo e descobri por que havia me perdido.

"Gerry! Seu diabinho, ou melhor, anjo!"

Exatamente à minha frente estava o cemitério em que Gerry havia sido enterrado. Um ano antes eu estivera ali, acompanhando seu enterro.

"*Ok*, você venceu!"

Fui então em direção ao cemitério e dei uma volta ao redor, observando as tumbas, as árvores e as estátuas dos anjos. Abaixei o vidro, acenei e disse:

– Olá, Gerry! Sei que está me ouvindo. Muito engraçada a sua brincadeira! Agora você vai me ajudar a achar o caminho para a casa de Sonja e cuidar de mim enquanto estou na cidade.

Fiz uma prece por ele, por sua família, filhos e netos.

Aprendi várias coisas naquele dia.

A primeira é que, quando estamos em contato espiritual com alguém, perdemos facilmente a noção de tempo e de distância. Até certo ponto, minha viagem pareceu longa, mas de repente eu parecia estar voando, em vez de dirigir. Foram quilômetros em poucos segundos.

A segunda é que, se eu tinha qualquer dúvida sobre minha estreita ligação com Gerry, ela desapareceu naquele momento. Eu o conheci quando já estava doente. Como ele não tinha coragem de contar à esposa ou aos amigos sobre o câncer, "arranjou uma maneira" de eu fazer isso por ele.

Sabia quais eram os sintomas de câncer de pâncreas porque tive um vizinho que morreu dessa doença. Fazia dois meses que Gerry tinha recebido o diagnóstico quando o conheci.

Talvez seu inconsciente soubesse que eu tinha percebido. Jamais me pediu diretamente para fazer coisa alguma. Talvez eu tenha recebido a informação telepaticamente. Ou seus anjos podem ter dito aos meus que me dissessem em sonho. Jamais vou saber. Bem, talvez me digam quando eu morrer e estiver do "outro lado".

Como o senso de humor de Gerry era um tanto estranho, creio que sua brincadeira de fazer com que eu me perdesse naquele dia foi sua maneira de dizer: "Obrigado pelo apoio, Cath".

Adoro você, Gerry, hoje e sempre. ❦

O encontro de Ray com um anjo

Ray Ebberman e eu somos amigos há quase dez anos. Arquiteto e decorador, sua criatividade fez com que minha casa em Houston passasse de simples residência a um retrato romântico do mundo. Para mim ele é como uma pessoa da família.

Ray morava em San Francisco quando seu filho, Raymond, morreu subitamente. Tinha apenas 19 anos e a doença não chegou a se manifestar a ponto de os médicos acharem que estivesse para morrer. Foi um choque e uma situação muito difícil para Ray.

Ele entrou em profunda depressão. Como vi que estava sofrendo muito, o convidei a vir passar uns tempos em minha casa, em Houston.

Passamos alguns dias visitando lojas de antiguidades, pois eu sabia que nesses lugares seu gênio criativo se manifestava com mais intensidade e isso o distrairia. Fiz questão que conhecesse meus amigos Vicki e Wendy. Nós o empanturramos de comida francesa, Cajun e frutos do mar. Passávamos as tardes em restaurantes apreciando vinho, contando histórias e piadas, qualquer assunto que não envolvesse Raymond.

Em um domingo preparei um grande café da manhã à moda sulina. Só não usei um ingrediente muito comum por aqui, a aveia integral, porque não sei fazer os pratos gostosos que minha mãe faz. Peguei então meus cães, Beau e Bebe, para o longo passeio de domingo.

Ray me perguntou:

– Cath, você se importa se eu for à igreja em vez de ir passear com vocês?

Olhei bem em seus olhos tristes e disse:

– Nenhum problema, muito ao contrário. É bom que você vá. Sinto que pode encontrar algumas respostas por lá.

– Espero que sim.

– Vá, Ray. Você não vai se arrepender.

Ensinei a ele o caminho até a igreja católica que ficava ali perto, a Igreja St. Michael. Foi em meu carro e eu saí para passear com os cães. Estava um dia muito bonito. Encontrei alguns amigos na rua e fiquei horas conversando.

Quando voltei, Ray ainda não tinha chegado. Fui ver que horas eram. A missa já tinha acabado fazia pelo menos meia hora. A igreja ficava ali perto. Não havia como se perder. Pensei que talvez o portão elétrico do condomínio estivesse com problemas e estava saindo para verificar quando ele chegou.

Estacionou e desceu do carro como se estivesse flutuando. Seus olhos estavam vermelhos de choro.

– Cath, você não vai acreditar no que aconteceu.

– Venha, entre e me conte.

Estava tão emocionado que mal conseguia falar. Fiz um chá enquanto ele se recuperava um pouco.

– É a coisa mais incrível que já me aconteceu.

– Conte-me tudo – eu disse.

– Bem, você se lembra da morte de Raymond, mas provavelmente não sabe que até hoje me sinto muito culpado, como se tivesse sido o causador.

– Como assim, Ray? É claro eu você não tem culpa!

– Deixe-me explicar – ele respondeu. – Eu estava em Boca Raton quando recebi uma oferta de trabalho em San Francisco. Raymond morava em Boca comigo. Enquanto eu estava na cidade, podia cuidar dele, de sua alimentação etc. Mas tive de aceitar aquela transferência para San Francisco ou perderia o emprego. Raymond queria se mudar comigo, mas naquele momento era impossível. Eu ficaria em um apartamento pequeno, alugado por uma curta temporada. Tive até de arranjar um galpão para deixar minhas coisas, por falta de espaço. Queria que ele viesse morar comigo, mas não havia condições. Alguns dias depois de minha mudança, recebi o telefonema informando que Raymond havia tido uma espécie de convulsão e que falecera. Foi tudo muito rápido. Só consigo me lembrar da última coisa que ele me disse: "Pai, quero morar com você".

Fiquei muito triste com as palavras de Ray, mas seus olhos mostravam alegria. Algo havia acontecido. Ele continuou.

– Hoje, na igreja, rezei muito por Raymond e por mim mesmo. E sabe aquela parte da missa em que o padre pede a todos que apertem as mãos das pessoas ao seu lado? Bem, quando me virei, vi que estava atrás de mim um rapaz muito parecido com Raymond, tão parecido que meu sangue gelou. Mas respirei fundo, apertei sua mão e disse:

– Oi, meu nome é Ray.

O jovem respondeu:

– Olá, meu nome é Adam. Acabei de chegar à cidade. Vim morar com meu pai.

Virou-se então para um senhor que estava ao lado dele e disse:

– Pai, este é Ray.

Meu sangue também gelou. Parecia ser realmente uma intervenção divina.

– Ray, que coisa incrível...

– Acho que foi mesmo um milagre! Aquele garoto tinha acabado de se mudar para morar com o pai. Era como se o próprio Raymond estivesse me dizendo: "Pai, estou aqui com você e sempre estarei".

– É isso, Ray. É exatamente o que está acontecendo. Quais eram as chances de você estar na igreja exatamente naquele momento, e no banco de trás um rapaz tão parecido com seu filho? Todo domingo são rezadas cinco missas. Você foi justamente àquela na qual um rapaz que acabara de se mudar para Houston para viver com o pai foi assistir.

– É como se um peso tivesse sido tirado de minhas costas, Cath. Não me sinto tão bem assim há décadas! É como se...

– Como se você pudesse continuar sua vida em paz? – terminei a frase.

– Exatamente. Hoje sei que não importa onde for ou o que fizer, sempre poderei falar com Raymond como se ele estivesse ao meu lado – disse, com o rosto radiante.

– Acho que ele também quis dizer que não é porque está morto que você precisa deixar de amá-lo. Vendo sob esta perspectiva, o amor é eterno.

Faz oito anos que isso aconteceu. Ray ainda passou por algumas dificuldades depois, mas se desenvolveu muito espiritualmente. Mudou-se novamente para Biloxi, no Mississippi, e arrumou um emprego temporário em Houston. Hoje mora com a família novamente e tem muito orgulho dos netos e bisnetos. Está mais próximo da filha do que jamais imaginou, principalmente depois da depressão que o abateu após a morte de Raymond. Sua carreira profissional vai muito bem, com projetos criativos e cada vez melhores. Conversamos outro dia por telefone e ele disse que sua esposa diz nunca ter sentido tanta alegria, paz e tranqüilidade na vida.

Nem poderia ser diferente. Afinal, ele conta com a ajuda do filho para seguir em frente.

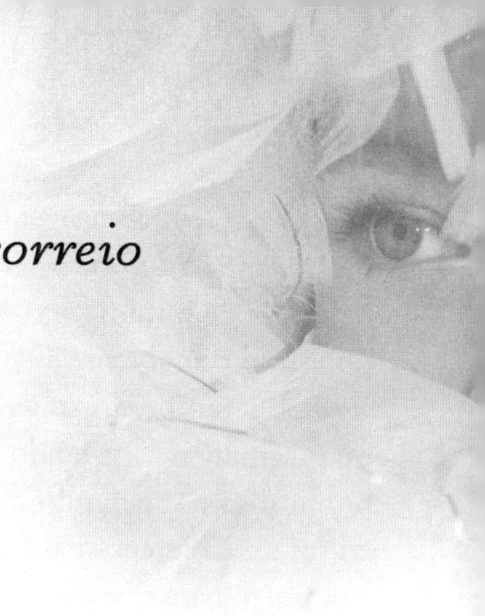

Surpresa na caixa de correio

Ninguém gosta muito de falar sobre o fracasso, no entanto todos nós temos histórias para contar sobre o assunto. Mas é errando que aprendemos. As falhas nos mostram o caminho certo.

Edison tentou e fracassou muitas vezes antes de conseguir fazer a lâmpada funcionar. E o famoso Coronel Sanders teve de lutar muito antes de conseguir montar a primeira loja do Kentucky Fried Chicken, hoje uma das maiores do mercado.

É o maldito orgulho humano que nos faz esconder nossos erros, fingir que jamais existiram, mentir e enganar a nós mesmos, nos convencendo de que somos melhores do que os outros.

Mas são justamente os erros que nos levam ao contato com os anjos.

Esta história aconteceu em uma época difícil para mim e também para um amigo meu chamado Alan. Depois de um ano tentando fazer com que a empresa crescesse, seu sócio desistiu e desfez o negócio. Queria resultados imediatos e não estava contente com o que tinham. Alan sempre me disse que ser empresário significa trabalhar cinco vezes mais do que os funcionários e correr dez vezes mais riscos, toda semana.

Eu melhorei ainda mais esse conceito com a seguinte idéia: significa abrir mão de tudo o que você tem, incluindo refeições e sono, para transformar um sonho em realidade. É preciso ter nervos de aço, a coragem de um gladiador, a fé de Jó e tomar muito antiácido. Para ser amigo de um empresário você deve ter senso de humor, *mais* fé do que ele e, de preferência, ser um pouquinho maluco.

Eu também estava passando por uma fase complicada financeiramente, vivendo de pequenos pagamentos de livros já publicados e esperando ansiosa que o telefone tocasse e alguma editora me oferecesse um contrato. Rezava para não ficar doente e também para que nada acontecesse ao meu cãozinho Beau. Para completar, o verão naquele ano foi extremamente quente. Tinha de deixar o ar-condicionado ligado e minhas contas de luz eram exorbitantes. A dispensa estava quase vazia, mas eu ainda mantinha em dia o pagamento das contas de telefone.

Não comentava com as pessoas sobre minha situação. Era constrangedor e não queria que meus amigos, família ou mesmo meu filho ficassem sabendo. E, principalmente, não queria que minha mãe soubesse. Pensava: "Como vou encarar os vizinhos se eles descobrirem?" Ficava repetindo para mim mesma que a situação era temporária. Mas não era.

Os meses foram passando e minhas forças foram acabando. Meu desânimo era visível e destruía qualquer esperança.

Inventava desculpas para meus amigos quando me convidavam para jantar ou sair. O orgulho não permitia que mostrasse a eles o estado deplorável em que me encontrava.

Chorava em segredo. Imaginava que nem meus anjos me visitavam mais, talvez nem me vissem chorar. Imaginava que tinha sido abandonada e sem saber por quê.

Uma tarde, enquanto escrevia uma cena emocionante de um romance, Alan me telefonou.

– Algum problema se eu passar aí e pegar Beau para dar uma volta? Posso aproveitar para passar pela caixa de correio e pegar sua correspondência.

– Sem problema – respondi.

"Afinal, para que me preocupar? É só um monte de contas que não posso pagar", pensei.

– É que estou precisando passear, arejar um pouco a mente – ele disse.

– Sim, saia um pouco de casa – repeti. Sempre achei idéias deste tipo idiotas. Como se eu pudesse sair. Não tinha dinheiro nem para colocar gasolina no carro.

Naquele dia percebi que as pessoas dizem e fazem as coisas mais absurdas achando que assim vão recuperar a autoconfiança. Outras ainda concordam com elas para lhes dar apoio. Sabem que estão dizendo coisas tolas, mas fazem isso para tentar fazer com que se sintam melhor.

– Vou colocar a coleira em Beau e esperar na porta.

Alan chegou e o levou.

Voltei para o computador e não tinha terminado a frase quando escutei a porta bater com tanta força que o chão tremeu.

– Catherine, venha depressa! Depressa!

Era Alan, gritando a plenos pulmões. Achei que algo muito sério havia acontecido. Pulei da cadeira.

– O que foi? Aconteceu alguma coisa com Beau? Ele está machucado? – gritei enquanto descia as escadas a toda velocidade, apavorada.

– Não, ele está bem – ele respondeu.

– E você, está bem? – continuei descendo e gritando.

– Eu estou...

– Está o quê? – gritei, enquanto entrava na cozinha. Alan estava parado na porta. O sol entrava por trás dele com uma luz esplendorosa. Beau estava alegre, abanando o rabo como se tivesse conseguido pegar um esquilo.

– É um milagre!

– Como?

Sua voz e seus olhos estavam embargados. Nos braços tinha um grande maço de verduras e legumes.

– É um milagre! – repetiu, fechando a porta com o pé.

– Mas o que é isso? – perguntei, enquanto pegava alguns tomates e um melão, que estavam quase caindo.

– Abobrinhas, batatas, berinjelas! Melões! Olhe só quanta coisa!

– Alan, pelo amor de Deus, explique o que está acontecendo!

– É isto que você está vendo. Toda essa comida estava dentro e ao redor da caixa de correio ali fora com um bilhete: "Temos comida em excesso. Por favor, fique com um pouco".

– Como assim? – perguntei, sem acreditar.

– Vá até lá e veja. Aproveite e pegue o resto. Ainda há cebolas e mais algumas verduras. Você pode fazer uma salada ou fritar alguns tomates. Veja! – mostrou uma berinjela. – Você conhece algum prato para fazer com isto?

– Dá para fazer uma grande festa com tudo isso.

Agora era eu quem estava chorando.

– É uma resposta às minhas preces – eu disse.

– Imagino. Vá lá fora, então.

Saí correndo para o jardim. Era um milagre, exatamente como Alan disse. Achei que ele já tinha levado quase tudo para dentro e não acreditei na quantidade que ainda havia naquela caixa de correio. Aquilo me fez lembrar as histórias da *Bíblia*.

Quanto mais verduras eu pegava, mais havia para pegar. Parecia que estavam se reproduzindo.

Fui buscar uma bacia e peguei mais tomates, cebolas, feijão e abóboras. Minha boca se encheu de água, meu estômago começou a roncar e meus olhos se encheram de lágrimas.

– Deus, muito obrigada. E muito obrigada aos anjos que me ajudaram, quem quer que sejam.

Entrei com os braços cheios, pensando quantas semanas levaria para conseguir comer tudo aquilo.

Quando finalmente terminei, estava tremendo de emoção. Alan já estava junto à pia, lavando tudo.

Quando nos sentamos para jantar naquela noite, sentíamos uma gratidão tão profunda que não conseguíamos falar. Fechamos os olhos, juntamos as mãos e deixamos que nossos corações falassem diretamente com Deus.

Começamos então a comer. Quando já estávamos mais que satisfeitos, olhamos para as panelas e ainda havia muita comida.

Por coincidência era Dia de Ação de Graças. Eu jamais havia feito uma refeição tão completa como aquela para comemorar esse dia.

Mais tarde descobri que o presente não tinha vindo exatamente de um anjo em espírito, e sim de Ilene Robinson e seu marido, que tinham uma fazenda no Texas. Trouxeram a comida porque estavam mesmo com excesso e tudo aquilo ia acabar estragando com o calor se ficasse em seus depósitos. Mas foram verdadeiros anjos fazendo aquilo por mim.

Até hoje não sabem quanto Alan e eu estávamos precisando daquela comida. Mas um milagre ainda maior veio no dia seguinte. Logo de manhã, fui até a caixa de correio e encontrei um cheque de meu editor e um contrato de outra editora para a publicação de um de meus romances. Em um piscar de olhos consegui pagar todas as contas atrasadas e adiantar um mês de aluguel. Beau pôde finalmente comer sua ração predileta e eu pude encher minha dispensa novamente.

Faço, ainda hoje, preces de ação de graças pelo que recebi. Neste momento tenho condições de ser, de vez em quando, um "anjo" para as pessoas, mas quando olho para trás vejo que essa fase positiva começou com aqueles legumes na caixa de correio. ❦

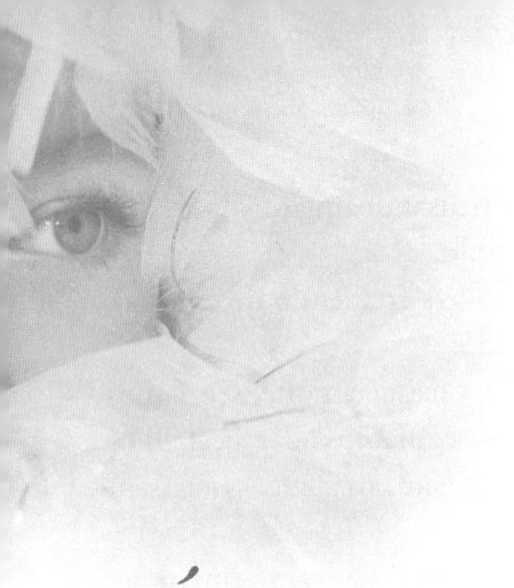

Sally em Paris

É sempre divertido visitar uma cidade, uma estação de veraneio ou uma região natural que ainda não conhecemos. A sensação é de que somos descobridores de novas terras. Bem, contanto que a aventura não seja muito longe da civilização e que a comida não seja muito estranha.

Quando avançamos em território novo sempre andamos devagar, parando para observar o terreno, as referências históricas e a arquitetura. A parte mais instigante da viagem é sempre a descoberta.

Imagine então uma garota de 14 anos fazendo sua primeira viagem internacional. Seu coração dispara só de ouvir os nomes das cidades: Paris, Londres, Roma. Antigamente teria de ir a uma biblioteca ou consultar uma enciclopédia para saber mais sobre cada uma delas. Hoje pode obter na Internet informações não apenas sobre as cidades, mas também sobre os melhores restaurantes, lojas e atrações turísticas.

Aos 14 anos Sally fez uma viagem de duas semanas com os pais a Paris. Eles já conheciam a França, mas ela tinha na memória apenas as imagens das fotos deles sob a Torre Eiffel, no Arco do Triunfo e no Champs-Elysées que via em casa.

Ficou semanas praticando as frases em francês de seu guia de viagens, fez uma lista das lojas de roupas que queria visitar e economizou cada centavo de sua mesada, imaginando como tudo devia ser caro em uma cidade como Paris.

Quando chegaram finalmente ao aeroporto de Orly, pegaram um táxi para o hotel, na Rue de Montaigne. Ao ouvir todos falando francês, Sally ficou assustada e quis voltar para casa. A inflexão de voz, a risada áspera dos homens, que fumavam sem parar, e o jeito ríspido dos guardas não a agradaram no início, mas também parecia haver algo de familiar naquilo tudo.

– Até o ar é diferente em Paris – disse-me ela ao contar a história. – E a luz também. É como se houvesse um filtro rosado no céu, filtrando a luz solar e tornando tudo mais romântico. Até a flores parecem mais vivas. Há uma energia diferente por lá. Dizem que os garçons em Paris podem ser mal-educados e que muitos parisienses não gostam de norte-americanos, mas eu não tive experiências negativas, muito ao contrário. As pessoas me olhavam com carinho como se eu fosse de sua família.

Ficaram em um hotel pequeno mas muito bonito. Os funcionários eram corteses e pareceram sentir prazer em recebê-la. Sally se sentiu especial.

Quando chegou ao quarto, abriu as malas e organizou as roupas no armário e nos gaveteiros. Entrou no banheiro mas não pareceu estranhar a presença de um segundo "vaso sanitário":

– Sim, eles têm um bidê – disse para si mesma, voltando ao quarto. – Mas o que foi que eu disse?! – perguntou em voz alta, parando no meio do caminho e levando a mão à boca. – Um bidê. Foi isso mesmo que eu falei. Que estranho! – e sentiu um arrepio.

Mas balançou a cabeça, pensando: "Devo ter lido essa palavra em algum lugar. Ou minha mãe me falou a respeito".

Terminou de arrumar suas coisas e foi ao quarto dos pais.

Sua mãe disse:

– Quando terminarmos de desempacotar as coisas quero ir a algum lugar bem charmoso para comer.

Sally foi até a janela e abriu as cortinas, mas antes de olhar para fora comentou:

– Há um bistrô muito bom aqui na esquina. Podemos ir até lá.

Sua mãe olhou para ela, espantada. Mas imaginou que tivesse visto o bistrô pela janela e disse:

– Sim, podemos ir.

"Mas como eu sabia desse bistrô?", Sally perguntou a si mesma. Olhou para fora e viu que ele realmente existia. "Deve ser o tal *jet lag*[3] de que minha mãe me falou. Mas com certeza o pessoal da recepção pode nos informar onde há restaurantes aqui perto. Paris é famosa pela boa comida", pensou.

Os três saíram então para caminhar ao sol.

– Para que lado vamos? – o pai perguntou.

– Para lá – a garota respondeu sem pensar, e começou a caminhar. – Para o lado da Torre Eiffel – disse, apontando para a imensa estrutura.

– Já tinha me esquecido de como ela é maravilhosa – disse a mãe.

– Eu também – disse Sally, caminhando à frente deles.

Mas parou de repente:

– O que estou fazendo? Não conheço a cidade e não sei para onde estou indo. Pai, talvez seja melhor perguntar ao pessoal da recepção no hotel.

– Achei que você tinha visto um restaurante por aqui.

Então, uma estranha sensação de autoconfiança a invadiu.

– Tem razão. Mas talvez eu tenha me enganado.

– Não há problema. Vamos continuar caminhando. Quem sabe não encontramos algum lugar gostoso aqui perto?

3. Estado caracterizado por fadiga e irritação em conseqüência de mudança de fusos horários após vôos muito longos. (N.E.)

Continuaram pela rua, observando as lojas.

– Podemos ir até à Harry Winston depois do almoço? – perguntou Sally. – Fica a poucas quadras daqui, mas para o outro lado.

Mais uma vez tinha apontado a direção correta.

– Como você sabe que a Harry Winston fica para lá? – seu pai perguntou.

– Devo ter lido em algum lugar – respondeu ela, encolhendo os ombros.

– Ah – disse o pai, balançando a cabeça.

Quando chegaram próximo à esquina, Sally teve novamente a sensação de que sabia onde estava. Em sua mente via um bistrô.

– É um lugar com um toldo vermelho e faixas brancas. Eles têm comida muito boa, especialmente o *pain au chocolat*. – Sentiu até fome à medida que se aproximavam.

– Sally? – disse a mãe, surpresa ao ver o bistrô.

Realmente havia um toldo vermelho com faixas brancas, mesas e cadeiras na calçada como ela tinha "visto".

– Não me lembro de termos vindo aqui – disse o pai.

– E não viemos – respondeu a mãe, espantada.

Sentaram-se a uma das mesas e um garçom se aproximou.

– *Bonjour* – disse, pegando um bloquinho e um lápis. – *Vous êtes américains, n'est pás*?

– *Oui* – respodeu Sally. – *Je m'appelle Sally*.

– Muito bem, querida! – elogiou a mãe.

– *Du pain au chocolat et lait por moi, s'il vous plait* – pediu Sally, sorrindo para o garçom.

– *Oui, et vous*? – perguntou aos pais da menina, que a olhavam atônitos.

– Querida, você falou com fluência e sem sotaque. Aprendeu isso naqueles CDs?

– Que CDs?

– Seus CDs de ensino de francês.

– Eu li um livro – Sally respondeu, com naturalidade.

Apesar de não entender bem o que eles estavam dizendo em inglês, o garçom também estava impressionado.

– Jovem *mademoiselle* tem pronúncia perfeita – comentou.

– *Merci* – respondeu Sally, satisfeita.

Fizeram então o restante do pedido e, enquanto comiam, ela disse:

– Mãe, há uma loja aqui perto que vende caixinhas de porcelana muito bonitas. Podemos ir até lá?

– Chamam-se *limoges*, filha.

– Não sei como se chamam. Mas queria vê-las.

Imaginando que a garota havia lido a respeito em um guia, a mãe concordou. Passariam pela loja antes de ir para a catedral de Notre Dame.

Terminaram de almoçar, saíram do bistrô e seguiram pela rua, olhando as vitrines sem se preocupar com o caminho. De repente, Sally olhou para cima e, lendo a placa com o nome das ruas em uma esquina, disse:

– A loja fica nessa direção!

E saiu andando à frente dos pais. Quando a alcançaram ela já estava olhando a vitrine.

– Está vendo, mãe? São lindas. Cada uma tem um formato.

– Puxa, eu nunca tinha visto peças assim. Parecem muito antigas.

– E muito caras – disse o pai, já pensando no gasto.

Entraram e Sally sentiu como se já conhecesse o lugar. Tudo lhe parecia familiar. O teto incrustado em metal, o lustre de bronze e as prateleiras de madeira em que ficavam expostas as *limoges*.

– Estranho. Sinto que já estive aqui antes – sussurrou para a mãe.

– Impossível, querida. Você nunca veio a Paris. Deve ser apenas um *déjà vu*.

– *Déjà vu*?

– Sim, é essa sensação que você está tendo agora, como se já conhecesse um determinado lugar. Os cientistas dizem que é uma espécie de fenda no tempo. Você, ou melhor, sua mente, pode ter avançado um pouco no tempo, por isso, quando entrou na loja, teve a impressão de já ter estado aqui.

Sally ficou olhando para ela e pensando na explicação.

– Não, não é isso que estou sentindo. A loja está diferente de quando a conheci. As paredes não eram cinza e azul, e o piso era de... quadrados grandes de madeira.

– *Parquet* – corrigiu a mãe.

– Sim, e não tinha esse carpete. O cheiro também era diferente.

A garota já nem prestava mais atenção às caixas. Sua mãe, fascinada pelas peças que via, andava por toda a loja. Uma sensação muito estranha tomou conta de Sally. Quanto mais tempo passava ali dentro, mais imagens do passado pareciam surgir em sua mente.

"É como se eu já tivesse vivido aqui", pensou.

Saíram, então, e continuaram a caminhada pela cidade. Foram à Torre Eiffel, à Notre Dame, passaram pelo Sena, cruzaram algumas pontes e compraram presentes e lembranças na feira. Sally observava atentamente as telas dos pintores desconhecidos, que viviam com dificuldade. Tinha talento para a pintura e qualquer coisa relacionada à arte lhe interessava.

No segundo e no terceiro dia continuou tendo a nítida sensação de que conhecia cada canto da cidade. Nada era novo. As árvores, os prédios e até os restaurantes lhe pareciam extremamente familiares, como velhos amigos que não via fazia muito tempo.

Quando chegaram à Sorbonne e à parte mais antiga da cidade, Sally se arrepiou. Conhecia cada prédio e cada quarteirão.

– Você leu bastante sobre Paris, filha? – perguntou o pai. – Gostaria que prestasse atenção a tudo, pois isso pode ajudar em seus estudos.

Sally tinha a boca seca e as mãos trêmulas.

– Não sei o que está acontecendo comigo, pai. Não cheguei a ler tanto assim. Claro, sabia sobre a Torre Eiffel, sobre o Arco e como era a fachada de Notre Dame, mas não é isso. Sinto que conheço esse lugar melhor do que minha cidade. E as lojas... Como eu podia saber sobre aquela de *limoges*? Há centenas de lojas espalhadas pela cidade. Por que tive vontade de ir justamente àquela? E à loja de perfumes? E agora isso!

Seus olhos se encheram de lágrimas. Tinha de haver uma resposta.

– Será que estou ficando louca?

– Não, querida, não é isso. Já ouvi falar desse tipo de sensação, mas nunca conheci alguém que a tivesse. Você pode ter vivido aqui em uma vida passada. Ou em várias, pois é o que parece. Está se lembrando de detalhes demais para uma vida apenas – respondeu a mãe, sorrindo.

– Vidas passadas? Quer dizer que eu já vivi antes?

– Muita gente diz que sim. Depois que morremos vamos para o céu e depois voltamos. Segundo aquele velho ditado, "a vida continua".

– Então não estou enlouquecendo?

– Não, muito ao contrário. Seu cérebro está mais alerta do que nunca. E bem mais que o meu.

Sally suspirou, aliviada.

– Que bom! Agora creio que finalmente vou conseguir aproveitar essa viagem!

– Sim, e visitar todos os lugares de que gostava. Talvez seja por isso que sentíamos tanta vontade de voltar a Paris e trazer você conosco – disse o pai.

– Vocês tinham vontade de vir aqui novamente?

– Sim. Talvez seu anjo guardião tenha arranjado tudo para que você viesse. Quem sabe você não tenha de ser mesmo uma artista?

Epílogo

Esta viagem foi feita há mais de 30 anos. Os pais de Sally e seus amigos incentivaram ainda mais seu talento artístico desde então. Ela chegou a voltar diversas vezes a Paris e, em determinadas partes da cidade, tem a mesma sensação que teve da primeira vez. Descobre sempre mais detalhes de sua vida ali. Fez recentemente uma viagem até lá com o marido. Ela diz que Paris continua com a mesma aura mágica.

Sally não apenas está cumprindo seu destino como artista mas também recuperou o conhecimento que adquiriu sobre arte há centenas de anos. Hoje é uma grande pintora e artista gráfica de sucesso. Transmite em suas telas e em seu trabalho a inspiração que recebe dos céus. ❦

Exibição aérea em Sarasota

Cheguei à Flórida, terra de minha mãe, para o lançamento de meu romance *Wings of destiny*. Foi o início de duas semanas agitadas, dando entrevistas e indo a jornais. Na noite anterior à minha viagem para Tampa participei do programa The Joey Reynolds Show, em Nova York, que começa à meia-noite. Como é um programa ao vivo eu tinha de estar presente, diferente da maioria dos programas, em que participo por telefone. Ou seja, teria de ir para a cama correndo ao chegar em casa se quisesse descansar um pouco.

O problema é que o programa parecia nunca acabar e eu tinha de pegar um trem que saía de New Jersey às 5h30 da manhã para ir a Washington, D.C, pois ainda participaria de outro programa de rádio, da gravação de mais dois programas e de uma entrevista na televisão antes de pegar o avião para a Flórida. Precisava me manter desperta, bem disposta e com boa aparência. Mas quando entrei no trem para Washington e olhei em um espelho descartei o item “boa aparência”. Se estivesse viva até o dia seguinte já me daria por satisfeita.

Meu cérebro chacoalhava mais do que o vagão do trem. No fim do dia eu estava exausta, com muita fome e meu cérebro me informava claramente que, aos 50 anos, não agüentava mais tudo aquilo como aos 25, quando meu filho nasceu. Naquela época, forçada pelas circunstâncias e pela natureza, até que agüentava bem, mesmo depois de algumas noites sem dormir.

Bem, mas com a ajuda divina e também a de Emily Lacie, dona da empresa responsável pelo meu transporte de um programa ao outro, que percebeu meu estado e arrumou um quarto de hotel para que eu pudesse dormir umas três horas antes de tomar o avião, consegui sobreviver.

Levantei-me com disposição suficiente para tomar um táxi até o aeroporto, entrar no avião e chegar a Tampa à meia-noite. Quando desci, porém, tive a impressão de que o chão "se mexia", sensação bastante comum em casos severos de privação de sono. Consegui dormir mais um pouco no hotel antes das 5h30 da manhã, quando tinha a entrevista na televisão.

No final da tarde já estava em Sarasota para a filmagem de uma hora de entrevista com Kerry Kirschener. Ele já tinha me entrevistado um ano e meio antes, quando eu estava publicando outro livro, e fez a gentileza de marcar uma entrevista ainda mais longa desta vez.

No dia da primeira entrevista, Fred, o motorista que me levou, teve de enfrentar um tornado para que chegássemos a tempo. Dava para ver o funil escuro da tempestade em nossa frente. Entramos em pânico e estacionamos em uma rua sem árvores. Por muita sorte o tornado seguiu pela rua ao lado.

Fred olhou para mim, boquiaberto. Recuperou-se e, alguns minutos depois, disse:

– Creio que já podemos ir.

Não sei como a voz saiu de minha garganta, mas respondi:

– Sim, vamos depressa.

Olhei para trás e ainda pude ver o tornado desaparecendo atrás de alguns prédios.

Chegamos em tempo para o jantar que Kerry havia marcado antes da filmagem. Ele tinha lido meu livro, mas precisava de mais algumas informações antes da entrevista. Estava fascinado com a história de meus avós, que moraram praticamente a vida toda na Flórida. Queria que eu contasse algumas delas durante o programa.

O show transcorreu tranqüilamente. Duas horas depois, eu já estava embarcando em outro avião.

Em outubro de 2000, fui convidada a visitar Kerry em sua casa, em Sarasota. Foi uma reunião muito agradável. Ele queria fazer as filmagens em seu jardim, que ia da casa até um estaleiro, próximo à água. O dia estava muito bonito, com poucas nuvens no céu e uma brisa suave.

Quando as câmeras e todo o equipamento estavam prontos, começamos a conversar sobre meu livro *Wings of destiny* e sobre como surgiu minha inspiração para escrevê-lo.

Kerry me pediu para contar novamente a história de meu avô.

– Durante a Segunda Guerra Mundial, meu avô, C. F. Manning, teve um restaurante e bar. Algumas figuras famosas como os pilotos de Jimmy Doolittle costumavam freqüentar o lugar. Gostavam de se sentar e tocar o piano do restaurante. Meu avô adorava aviões. Nunca teve a chance de ter um, mas levava minha avó a todas as apresentações aéreas que podia. Ela também gostava daquelas máquinas voadoras.

Mal tinha terminado essa frase, quando um avião cruzou o céu acima de nós. Não prestamos muita atenção e Kerry continuou:

– Jimmy Doolittle. Não é aquele herói em que se basearam para fazer um filme?

– Isso mesmo. *Thirty seconds over Tokyo* [Treze segundos sobre Tóquio] – respondi.

Outro avião passou sobre nós. Percebi sua presença, mas não quis me distrair porque estava no meio da entrevista. Só achei estranho dois aviões passarem um em seguida do outro justamente naquele momento.

– Quem era mesmo o ator principal? Você se lembra? – perguntou Kerry, um pouco irritado com o barulho da aeronave.

– James Stewart – respondi.

Então um grupo de quatro aviões passou sobre o local, em formação. O som dos motores foi tão alto que o operador de câmera foi obrigado a interromper a filmagem.

– Kerry, teremos que refazer a cena.

– Por quê? – perguntei.

– Interferência de áudio – respondeu o operador.

– Sem problemas – respondeu Kerry, olhando para o céu. – Que coisa estranha.

Concentrou-se, então, e repetiu a pergunta.

– Sim, foi *Thirty seconds over Tokyo* – respondi novamente.

Mais uma vez a formação de jatos passou sobre nós.

– De novo não! – disse Kerry, se levantando e observando os aviões.

– Justo agora! – disse o operador. – Se isso não parar, não vamos conseguir terminar esta tomada.

Kerry olhou para mim com uma expressão estranha no rosto e um riso irônico.

– Você é uma espécie de bruxa, não?

– Não entendi.

O riso largo confirmou que estava brincando comigo.

– Moro nesse lugar há 16 anos e nunca vi um avião passar por aqui, nem durante as piores tempestades. Essa região não é rota aérea ou militar.

– Sim, mas...? – perguntei, ainda sem entender.

– Veja as coincidências, Catherine. Na última vez em que esteve aqui você escapou por pouco de um tornado, já que ele passou pelo outro lado do quarteirão e você chegou intacta. Hoje, começa a falar de seu avô, da Segunda Guerra e dos aviões e eis que eles surgem do nada. Não acha tudo isso muito estranho?

Caí na gargalhada, olhei para o alto e disse:

– Meu grande vovô!

Levantei-me e abracei Kerry.

Ele se virou para o operador:

– Você filmou isso?

– Os aviões? Claro, não tinha como perder uma imagem dessas.

– Não apague, então. Continue a partir dessa cena. Quero que os aviões sejam parte do show.

Voltamos a nos sentar, o operador ligou a câmera, contou até três e fez sinal para continuarmos.

Kerry disse então:

– Vejam uma demonstração do que Catherine menciona em seu livro. Será que não é seu avô, tentando nos dizer que está aqui conosco? Será que os anjos podem mesmo entrar em contato com as pessoas aqui na Terra e modificar até mesmo a rota de aviões? Não tenho as respostas. A única coisa que sei é que nunca tinha visto algo assim antes.

Sorri e perguntei:

– E quer apostar que ainda vai passar mais um avião?

– Não, não vou arriscar – disse ele, olhando para cima.

– Você tem algum parente, vivo ou já falecido, que tenha ganhado na loteria? Quem sabe ele não deixa um bilhete premiado em minha caixa de correio?

– Não me lembro de ter um parente milionário, mas se um bilhete premiado aparecer você nunca mais vai duvidar de histórias assim, certo?

– E você vai querer metade do prêmio, certo?

– Não. Pode ficar com ele. O maior prêmio que uma pessoa pode ter é a presença dos anjos em sua vida.

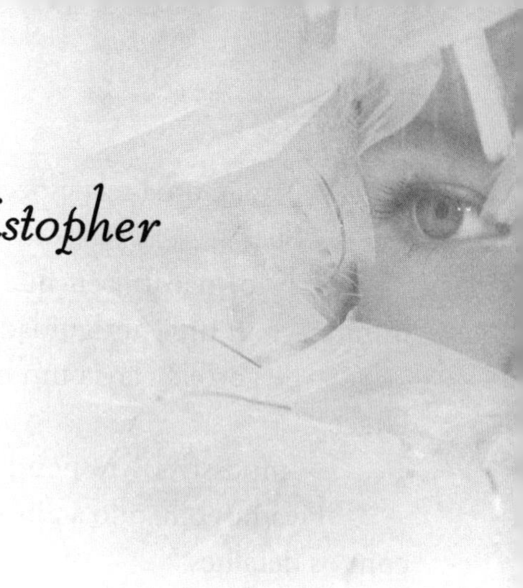

O guardião de Christopher

Cheguei à livraria Barnes & Noble de Fort Worth depois de uma longa batalha contra uma tempestade. E ela venceu. Eu me perdi quatro vezes tentando encontrar o caminho, pois a loja fica em um bairro que não conheço muito bem. Perdi a saída, dei voltas e mais voltas até descobrir que o caminho que pensei ser o certo estava errado e que, sem querer, estava indo pela rota certa.

Meu representante oficial, Christopher Cleveland, estava na loja. Enquanto ele conversava com as pessoas, planejava correr até a lanchonete para comer alguma coisa porque não tinha almoçado e já havia passado da hora do jantar.

Mas Christopher foi perfeito. Além de organizar os livros e a mesa para os autógrafos, havia providenciado um copo grande de café com leite e uma fatia de bolo de chocolate para mim. Parece que um sinal de que as coisas estão dando certo em minha vida é a presença de um bolo ou de um pedaço de chocolate.

Quando terminei a refeição, Christopher me levou até a parte da loja onde estava a mesa.

Ao lado dela havia um cavalete com uma grande tela de um anjo guardião e uma criança.

Parei no caminho assim que a vi, sem acreditar.

– De onde veio este quadro? – perguntei, sentindo um arrepio. – Está à venda? Onde posso conseguir um desses?

– Não, é uma tela especial. É minha.

– Sua?

– Não, não fui eu que a pintei. Este quadro pertenceu à minha avó. É uma antiguidade. Gostou?

– Se gostei? Havia um bem parecido na casa de minha avó, Grace.

– Impossível – respondeu ele.

Ficamos olhando a pintura por alguns instantes, encantados com os detalhes.

– Jamais deixei este quadro na casa de alguém – comentou.

– Imagino – respondi. – Eu costumava ir até o quarto de minha avó para observar o quadro que ela tinha sobre a cômoda. Até hoje não sei o que aconteceu com ele. Fiquei apenas com uma imagem da Virgem Maria que pertencia a ela.

Christopher esfregou as mãos nos braços.

– O que foi? – perguntei.

– Senti um arrepio de repente.

Ri e disse a ele:

– Não é arrepio. Devem ser nossas avós assistindo a esta cena. Pode ser sua maneira de dizer que estão sempre nos protegendo.

– Como o anjo guardião na pintura?

– Provavelmente – respondi. – O mais estranho é que nunca fui muito apegada à minha avó Grace. Ela tinha mais de 70 anos quando nasci. Já estava muito fraca, debilitada, e não podia me dar atenção.

– Já vivia mal-humorada, você quer dizer? – comentou ele, rindo.

– Falando sério agora, conheci há uns 20 anos uma mulher em um evento de caridade em Houston que dizia ser sensitiva. Aproximou-se de mim e disse que tinha visto minha avó. Imaginei que estivesse falando da mãe de minha mãe, Ethel – eu disse.

Mas ela respondeu:

– Não, o nome dela é Grace. Gosto deste nome. Ela tem nas mãos um ramalhete de rosas para você e diz que é sua guia e protetora.

Christopher ficou impressionado:

– Como ela sabia?

– Acertou em cheio. – Olhei novamente para o quadro. – Não recebo mensagens de vovó Grace há muito tempo. Por que será que ela me enviou esta justo hoje?

– Talvez não tenha escolhido a data. Você é que pode estar mais receptiva – ele disse.

– É. Não tenho pensado nela ultimamente. Talvez esteja tentando dizer que eu devo incluir suas histórias em meu próximo livro.

Christopher respondeu, sorrindo:

– Aposto que sim.

As pessoas então começaram a chegar, a perguntar do livro e eu me entreguei aos momentos de que tanto gosto, dos autógrafos, das dedicatórias e de conhecer novos anjos.

Aquela noite de autógrafos foi bem mais longa do que imaginávamos. Mas não senti fome ou cansaço. Terminei o dia com uma longa lista de histórias sobre anjos que as pessoas me contaram.

Quando encerramos Christopher veio se despedir. Apertei sua mão e ele disse:

– Desejo a você algo que minha avó sempre me desejava.

– O quê? – perguntei curiosa.

– Durma com os anjos.

– Não acredito! Minha avó Grace me disse a mesma coisa em uma noite que passei em sua casa.

– Puxa! Isso é realmente um sinal. Ela queria mesmo falar com você, Catherine.

– E conseguiu – respondi.

Enquanto ia para o hotel naquela noite prometi a mim mesma que, daquele dia em diante, seguiria o conselho de vovó Grace. Terminaria minhas cartas e correspondências com a frase dela, então:

– Querido leitor, durma com os anjos! ❦

A estrela da esperança

Eram cerca de sete horas da manhã de uma sexta-feira e eu estava levando meus cães para o banho periódico no veterinário quando vi, sob uma ponte, uma família de indigentes.

Estavam encolhidos junto a uma pilha de concreto. As duas crianças dormiam no colo da mãe. O pai estava acordado, cuidando deles.

O semáforo fechou e eu fiquei observando a cena, sentindo-me muito triste por eles. Até meus cães pareciam observá-los.

– Vamos fazer uma prece por eles – eu disse.

Cães não sabem rezar, ou pelo menos eu creio que não. Mas pensei que não custaria pedir a eles.

– Por favor, Deus, que alguém possa ajudar essas pessoas.

Tentei parar junto à calçada para ir falar com eles. Mas estava na faixa do meio e o carro atrás de mim já estava buzinando, pois o semáforo tinha aberto. Não tive como parar.

Deixei os cães no veterinário para o banho e voltei para casa. Quando entrei na avenida em que estava a família segui pela faixa da direita para poder parar. "O mínimo que posso fazer é dar a eles algum dinheiro", pensei.

Não tinha levado mais do que de dez minutos entre fazer aquela prece, deixar os cães e voltar.

Conforme me aproximava da ponte, vi uma perua com as frases "Amor ao Próximo" e "Estrela da Esperança" pintadas na lateral, parada perto do local onde estava a família. Dois homens haviam descido e, para minha surpresa, estavam cumprimentando o pai das crianças. Elas olhavam para eles com alegria. Eu estava presenciando um milagre!

A Estrela da Esperança [Star of Hope] é uma instituição cristã muito conhecida em Houston, fundada antes da Primeira Guerra Mundial. Temos muito orgulho deles. Esses ministros e voluntários vasculham a cidade em suas peruas, procurado pessoas que precisam de auxílio.

No momento em que vi a perua meus olhos se encheram de lágrimas e agradeci a Deus pelo fato de a Estrela da Esperança existir e estar ali naquele momento.

Enxuguei os olhos, acelerei o carro e pensei: "E que atendimento rápido eles têm!" ❦

O anel de Kelly

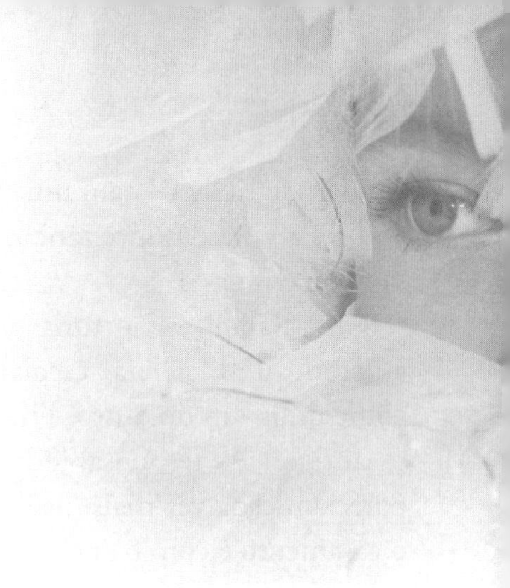

Tom e Kelly eram apaixonados um pelo outro fazia anos. Mas como ainda estavam se estabelecendo em sua carreira de advogados, foram adiando o casamento até terem condições de arcar com a cerimônia de seus sonhos.

Parte desse sonho era encomendar um anel especial para Kelly. Os dois queriam algo totalmente diferente, que à primeira vista mostrasse a intensidade do que sentiam um pelo outro.

Sempre que tinha um tempo entre a correria do escritório e as idas ao tribunal, Kelly parava na joalheria para ver se havia algo novo. Mas nenhuma jóia chamava sua atenção. Tom folheava todos os catálogos que recebia das joalherias da cidade, mas nada chegava aos pés do que tinha em mente. A lata de lixo vivia cheia de folhetos e catálogos e Kelly já estava desistindo de encontrar a jóia de seus sonhos.

Até que um dia, finalmente, decidiram que queriam um anel antigo. Reacenderam-se as esperanças. Quem sabe o anel mágico não estava em uma loja de antiguidades?

Trocaram os passeios de final de semana por visitas a essas lojas, porém, mesmo visitando todas na cidade não encontraram o que queriam.

No mês de junho planejaram uma viagem para a França em suas "merecidas" férias, que estavam adiando já havia algum tempo.

Os pais de Kelly tinham um chalé nos Alpes Franceses, onde o ar é puro, a vista das montanhas é espetacular e a comida e o vinho são maravilhosos.

Passaram então uma semana inteira descansando, lendo, andando de bicicleta, escalando montanhas e desfrutando da companhia um do outro. Fizeram novos amigos e reencontraram os antigos. As responsabilidades e problemas da vida na cidade pareciam cada vez mais distantes. E também a preocupação com o casamento e com o anel.

Estavam felizes por estar vivos e juntos.

Então, o tempo passou rápido e chegou o dia de voltar para Houston.

No entanto, quando chegaram ao aeroporto de Orly, descobriram que seu vôo havia sido cancelado devido ao mau tempo, e que não haveria outros vôos para Houston naquele dia. Tiveram de ficar em Paris.

Encontraram um bom hotel, se hospedaram e Tom disse a Kelly:

– É deprimente pensar que temos de ir embora de um lugar como esse.

– Concordo – respondeu ela. – Gostaria de poder levar um pouco desse país conosco.

– Vamos, então! – disse Tom, pegando-a pela mão.

– Vamos o quê?

– Vamos procurar lojas de antiguidades. Já imaginou levar de Paris uma daquelas escrivaninhas antigas para colocar em meu escritório?

– Não me diga que vai começar a colecionar antiguidades, agora – ela brincou.

– Amor, estamos em Paris! Temos um dia inteiro para andar. Algo me diz que iremos encontrar algo especial.

Kelly sorriu e concordou:

– Está certo. Vamos encontrar alguma coisa que lembre os dias maravilhosos que passamos aqui.

Pediram ao *concièrge* do hotel endereços de boas lojas e saíram em busca de uma lembrança.

Andando pelas ruas e alamedas, sentiram-se tocados pela energia da cidade. Pararam apenas para tomar um café e continuaram a caminhada.

Em uma loja pequena Tom encontrou uma escrivaninha leve e charmosa, mas um tanto cara.

– O que você acha, amor? – perguntou, passando a mão pela marchetaria fina da peça.

– Maravilhosa, se você for o rei da França.

– Ei, não brinque. Essa mesa pertenceu ao rei da França – respondeu ele em tom irônico.

Kelly começou a circular pela loja apreciando os lustres, as litografias e, de repente, encontrou uma caixa com tampo de vidro e diversas jóias no interior. Aproximou-se e sorriu ao ver os braceletes e colares. Mas, de repente, seu coração deu um salto. Parou de respirar.

Ali, brilhando bem à sua frente, estava um lindo anel de diamantes. Ainda que tivesse mandado fazer um, não conseguiria pensar de maneira tão perfeita em todos aqueles detalhes.

– Tom...

– Sim? – Ele estava agachado, olhando a parte de baixo de outra escrivaninha.

– Eu... acho que encontrei.

– Encontrou quem? Luís 13 ou Luís 15?

Ela engoliu em seco e respondeu:

– Kelly Primeira – mal conseguia conter a emoção.

Tom se aproximou.

– O que disse?

Ao ver sua expressão luminosa percebeu que era algo sério.

– Eu... encontrei meu anel!

– Não acredito – disse, olhando para a caixa.

– Meu Deus, é verdade!

Chamou o proprietário, que abriu a caixa. Colocou o anel no dedo de Kelly.

– Nossa. O tamanho é exato – comentou.

Ela quase não conseguia falar.

– Parece que foi feito para mim – sussurrou.

Tom perguntou o preço. Além de o anel ter diamantes bem maiores do que imaginava poder comprar para Kelly, custava bem menos que aqueles que tinha visto em joalherias.

Naquela noite, em frente à Torre Eiffel, Tom pediu formalmente a mão de Kelly em casamento. Até hoje conta a todos que, "em um momento de fraqueza", ela aceitou!

A história dos dois mostra não apenas que sua união já estava predestinada, mas que os anjos que os protegem também sabem fazer boas compras! ❦

Parte 4

Visitas espirituais

As visitas descritas nesta parte se referem ao contato humano com espíritos de pessoas que já morreram, sejam ou não conhecidas delas.

Não são histórias de "fantasmas" criadas para assustar. São encontros emocionantes em que essas almas vêm para nos salvar, alertar sobre perigos ou revelar informações sobre sua vida enquanto encarnadas, geralmente sobre assuntos não resolvidos como ter deixado de expressar amor por uma pessoa ou corrigir um erro cometido.

Muitos filmes, seriados de televisão e novelas mostram "espíritos" ou "fantasmas" falando por intermédio de médiuns ou aparecendo para videntes e ajudando a resolver crimes. É um tema cada vez mais comum, pois hoje os departamentos de polícia em várias partes do mundo usam médiuns e videntes para ajudar nas investigações. Com tanta tecnologia nova, exames de DNA e videntes para auxiliar o trabalho da polícia, já se pode prever que o futuro dos marginais será bem mais complicado.

As histórias deste capítulo são sobre visitas de espíritos que aparecem para pessoas em estado de vigília. Não são sonhos, embora muitas vezes comecem enquanto os videntes estão dormindo. Mas são sempre acordados pelo espírito e estão totalmente conscientes quando recebem as mensagens.

As manifestações nem sempre ocorrem na forma humana.

Muitas vezes é algo a que chamamos "atividade orbital". São pequenas ou grandes bolas de luz que surgem e se movem ao redor da pessoa como a personagem "Sininho", de Peter Pan. Podem causar no vidente uma sensação de frio, calor ou emoções. Algumas pessoas já chegaram a gravar os sons dessas aparições. São vozes de pessoas que já desencarnaram.

As experiências a seguir não são de médiuns ou videntes profissionais, e sim de pessoas comuns. São histórias que venho ouvindo e registrando há anos. Algumas delas ouvi quando ainda era criança, em Indiana.

São realmente inesquecíveis.

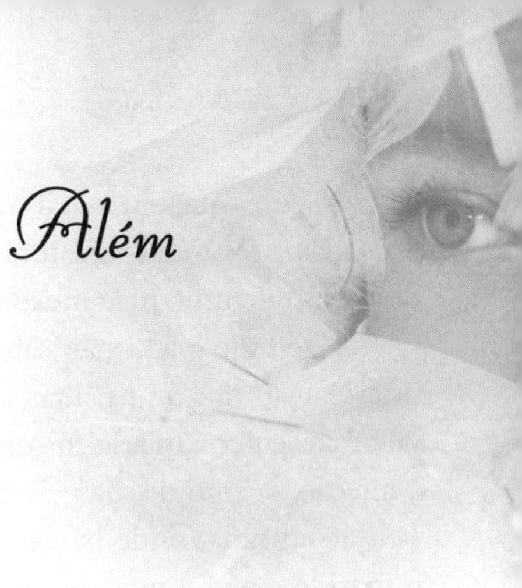

A equipe médica do Além

Alvin, Texas. 1973.

Minha amiga Vicki ficou grávida quando tinha 21 anos. A gravidez transcorreu normalmente, mas ela sentia uma estranha vontade de ler a *Bíblia*. Não era apenas uma ou duas vezes por dia. Sempre que podia passava horas fazendo a leitura. Se perdia o sono, ia para a sala e continuava a ler. Levava o livro aonde quer que fosse.

Vicki era de família católica e teve educação religiosa, mas nunca tinha sentido tanta necessidade de "conteúdo espiritual" quanto naqueles meses em que esperava seu primeiro filho.

Quando Andrew nasceu, ela logo percebeu porque os anjos a tinham preparado espiritualmente. O menino não tinha as terminações nervosas dos intestinos, ou seja, o cólon era morto. Não tinha movimentos peristálticos.

Mas os médicos do hospital em Alvin, onde a criança nasceu, se enganaram inicialmente no diagnóstico e informaram à Vicki e ao marido, Andy, que seu filho tinha fibrose cística e poucas chances de sobreviver.

Iniciaram então um tratamento com soro intravenoso e aplicação de carvão vegetal por meio de um tubo no nariz da criança. Vicki ficou horrorizada ao ver aquilo.

– Vocês querem matar meu filho?! – gritou para as enfermeiras. Mas elas a levaram para fora e tentaram acalmá-la, julgando ser desespero de uma mãe inexperiente.

Até hoje Vicki não sabe se aquilo foi um impulso ou uma intervenção dos anjos, mas assim que os médicos e enfermeiros saíram da enfermaria ela entrou, arrancou o tubo do nariz de Andrew, a injeção de soro de sua veia, o enrolou na manta e levou-o para o *hall* de entrada, onde havia um telefone público. Telefonou para o marido e pediu que viesse buscá-los.

– Não vou deixar que façam isso com nosso filho! Ele vai morrer mesmo se ficar aqui. Tenho certeza disso.

– Tudo bem, Vicki. Vamos encontrar uma solução – disse Andy, desligando o telefone e correndo para o hospital.

– Não vou deixar que ele morra – disse ela, em lágrimas, enquanto saía. – Tem de haver uma maneira de impedir.

Andy a pegou perto da porta e, enquanto seguiam para casa, ela rezou com todas as suas forças.

Naquela noite Vicki sonhou com uma equipe médica dizendo que Andrew não sofria de fibrose cística.

"*Consulte outros médicos*", recomendaram. "*Leve-o até o hospital infantil de Houston*".

Na manhã seguinte telefonou para o hospital. Algumas horas depois estava no consultório do doutor Franklin Harberg, que passou a tratar de Andrew. Ele pediu alguns exames e descobriu que a criança tinha um tipo raro de doença, chamado *Hirschprung*.

– Vicki, só existe um tipo de tratamento, chamado ileostomia. É um procedimento novo mas tem apresentado excelentes resultados.

– Muito novo? E como é feito?

O médico olhou bem para ela e disse:

– Temos que remover o intestino grosso.

– Mas o intestino grosso inteiro? – estava chocada. Jamais tinha ouvido falar de ileostomia ou mesmo de colostomia.

– A maior parte dele. Será preciso manter um orifício em seu corpo para que um tubo possa ser inserido e as fezes possam passar.

– Mas isso vai salvar a vida dele?

– É a única chance. Sem isso ele certamente morrerá.

– Mas e quanto ao risco da cirurgia? Ele nasceu há poucos dias.

– Não se pode ignorar o risco. As chances no caso dele são de duas para dez.

– Tenho duas perguntas, então. Quanto tempo ele terá de ficar com o tubo? E voltará ao normal depois?

– O tubo não é retirado, inicialmente.

– Como assim? A cirurgia não é totalmente eficaz? Ninguém na comunidade médica conseguiu resolver isso?

– Veja bem, trata-se de uma técnica nova...

– Mas... quanto tempo pode levar, afinal? – ela insistiu.

– Cerca de dois anos.

– E quando a cirurgia seria feita? Ele precisa ter um peso mínimo para isso? – ela perguntou.

– A senhora é muito perspicaz. Se possível, e não posso garantir que ele chegará a esse ponto, Andrew deve pesar pelo menos nove quilos quando tiver dois anos. Mas devo avisar que será a primeira cirurgia desse tipo que faremos nesse hospital.

– Ser a primeira não me assusta, doutor Harberg – disse Vicki, com os olhos cheios de coragem.

– Percebe-se mesmo que não. Mas devo dizer que a dieta especial que ele terá de seguir representa um terço de suas chances de recuperação. Para ser honesto, ainda não houve crianças sobreviventes em ileostomias.

– Veja bem, doutor Harberg, Andrew vai conseguir. Eu lhe darei *forças* para viver.

– Não duvido – respondeu ele.

– Farei o que puder e Deus fará o resto. Vou rezar muito e terei as respostas.

Na longa noite após a cirurgia de Andrew, Vicki orou até adormecer ao lado do bercinho do filho. Na ocasião, recebeu a visita de uma equipe espiritual de médicos. Estavam todos vestidos de branco e demonstravam muita confiança.

– *Seu filho deve ingerir apenas alimentos naturais como suco de pêra, purê de maçã, de cenoura e de banana. Prepare tudo você mesma. Ele também pode comer farinha de aveia e purê de batata, mas bem ralos.*

Um deles, que tinha um rosto radiante, acrescentou:

– *Vá ao mercado dos fazendeiros em Alvin. Lá irá encontrar frutas e legumes frescos e sem pesticidas. Compre também o mel natural que eles vendem. Seu filho vai precisar desse mel.*

Outro completou:

– *Leve o mel à farmácia da cidade e peça para fazerem com ele uma fórmula que contenha proteína necessária para um bebê na medida de uma mamadeira. Encomende várias garrafas.*

E outro acrescentou:

– *O bebê deve tomar quatro mamadeiras com esta fórmula por dia. Se fizer tudo o que estamos recomendando, seu filho vai ganhar peso e ter saúde suficiente para passar pela cirurgia em dois anos.*

Vicki seguiu exatamente as informações do sonho. Nos dias seguintes, foi atrás de tudo o que era necessário, inclusive da fórmula com o mel. No início os enfermeiros e médicos do hospital riram dela. Achavam ridícula sua atitude de seguir recomendações como aquelas, especialmente vindas de um sonho com médicos que não existiam.

Mas ela finalmente encontrou um nutricionista que trabalhava com especialistas em química pediátrica que pôde encomendar a fórmula exatamente como haviam prescrito os médicos do sonho.

Durante dois anos Vicki seguiu cuidadosamente a dieta recomendada para Andrew. A cirurgia foi finalmente realizada, filmada e até enviada a médicos no Japão, tornando-se referência nacional.

Vicki chegou a escrever um *Guia de alimentação natural para crianças* para ser distribuído a mães de filhos portadores da doença de *Hirschsprung*.

Ela me contou que aprendeu muito com a experiência, especialmente que é preciso, primeiro, aprender a "identificar o problema"; segundo, aprender a "lidar com o problema" e, finalmente, esperar e deixar que os anjos nos mostrem o caminho.

Epílogo

Hoje Andrew tem 32 anos. É muito saudável e feliz, casado com uma moça chamada Paige. Os dois foram recentemente abençoados com um filho muito saudável. ❦

A cabana na floresta

Tenho dois amigos de La Porte, Dick e Marti Davis, que construíram uma cabana ao norte de Michigan há 30 anos. O terreno é parte da floresta nacional e também território sagrado dos índios. Há certa aura de misticismo sobre a região de Traverse City, que também é uma das paisagens de terra mais bonitas dos Estados Unidos, em minha opinião. Adoro aquela região e a considero um verdadeiro paraíso.

O ar é fresco e limpo. A água do rio é tão clara que chega a ofuscar os olhos. O outono é como uma viagem à ilha da fantasia, e o inverno é majestoso. Os pinheiros antigos e frondosos parecem modelos usando casacos de pele. A cabana dos Davis, que fica perto de uma estrada no meio da floresta, se destaca como uma jóia na paisagem, cheia de neve ao redor. De longe dá para ver que é uma casa bem construída.

Dick e Marti começaram o projeto assim que terminaram a faculdade. Construíram eles próprios a estrutura original, verão após verão. Levou alguns anos até ficar pronta. Hoje a casa tem dois andares e um grande telhado em forma de "A".

Foi no segundo andar, de pé-direito alto, que dormi na primeira vez que os visitei, no primeiro inverno que passei lá.

Era janeiro, mas ainda havia enfeites de Natal nas ruas e janelas dos restaurantes e lanchonetes. As luzinhas refletiam na neve.

À noite o clima ficava ainda mais místico. Era como se o espírito de Natal ainda estivesse na cidade.

Durante o dia passeávamos pelas lojas de Traverse City e tomávamos *cappuccino*. Cheguei a ver exemplares de meus livros na livraria. Na primeira noite enchemos a lareira de madeira e acendemos o fogo enquanto preparávamos o jantar. Dick tem um senso de humor como nunca vi, fino e inteligente como o de meu pai, que não está mais vivo e faz muita falta.

Rimos muito naquela noite. Abrimos uma garrafa de vinho enquanto uma costela assava no forno. O dia e a noite foram deliciosos. Nem percebi as horas passando ou as maravilhas que aquela aura mágica estava fazendo à minha psique.

Enquanto me preparava para dormir, vi pela janela a lua refletida sobre a neve e uma grande sensação de paz me invadiu. Estava em uma época de minha vida em que as coisas mais simples me davam muito prazer. Sentia falta de meu filho que cursava faculdade em outra cidade e estava namorando firme. Meu pai tinha falecido havia pouco tempo e eu ainda estava muito sensível. Tinha um livro quase pronto, mas nenhuma editora para publicá-lo. Trabalhei com minha irmã durante algum tempo em seu negócio, porém mais para ajudá-la do que pelo dinheiro. Sentia-me totalmente solta, sem rumo.

Minha vida transformara-se num oceano oscilante de medo, ora com maré alta, ora baixa. Não fazia mais diferença viver ou morrer. Era algo totalmente estranho para mim. Minha vida sempre tinha sido muito agitada e cheia, com muitos compromissos todos os dias, objetivos para atingir, lugares para visitar e listas de tarefas tão longas que eu nem sempre conseguia cumprir.

Mas naquele momento eu estava sem direção. Nem reconhecia mais meu caminho divino.

Então, olhando a neve pela janela, exatamente como fazia quando criança em Indiana, orei pedindo a Deus que me apontasse uma direção. Não precisava de respostas ou mesmo de dinheiro, apenas de um rumo que pudesse seguir.

– Deus, mostre-me um caminho.

Mal tinha acabado de dizer a frase, quando senti um arrepio na espinha. Sentia como se alguém tivesse colocado as mãos sobre meus ombros. Não pareciam ser as de meu pai ou mesmo as de um anjo. Era apenas uma leve pressão.

Não tive a sensação de que me direcionavam.

Fui me deitar, então.

Naquela noite tive um dos sonhos mais extraordinários de minha vida. Não era um daqueles que refletem nossas preocupações ou desespero. Era muito claro e nítido. Conseguia sentir o ar, os cheiros e até o toque das pessoas. É aquele tipo de sonho em que temos a certeza de estar em "outro mundo"!

Até hoje não tenho muita certeza se sonhei ou se estava acordada enquanto aquilo acontecia. O sonho mais parecido que já tive foi com minha avó, uma semana depois de sua morte. Mas naquela noite eu acordei e continuei a vê-la.

No caso desse sonho, não tenho tanta certeza.

Primeiro ouvi uma voz me chamando: "Cathy, acorde!"

Sentei-me na cama e, quando olhei para o lado, lá estavam três homens:

O da esquerda era Cary Grant usando um *smoking*. Sorria, segurando nas mãos a estatueta do Oscar. Era tão real que cheguei a sentir o cheiro de sua loção de barba. Ainda estava jovem, tinha o cabelo bem preto e cheio de brilhantina. Lembro-me de que cheguei a pensar: "Não vou tocar nesse cabelo, deve estar empastado".

O outro era o rei Midas. No início, sua imagem parecia a de um personagem de desenho animado, mas de repente se moveu e percebi que tinha formato humano. Não era tão alto quanto Cary Grant e usava roupas vermelhas e douradas como as da Idade Média. Tinha uma coroa na cabeça, olhos castanho-claros, cabelos longos e claros, e usava barba e bigode. Abriu um sorriso largo e simpático, mas parecia usar uma dentadura muito grande. Talvez por isso eu tenha pensado que era um personagem de desenho animado. Segurava uma caixa dourada, transbordando de moedas de ouro como a querer demonstrar sua riqueza.

Um terceiro homem era um mago. Vestia roupas roxas ou azul-escuro e sobre elas um manto de veludo com bordados em ouro e prata. Tinha na cabeça um chapéu pontudo como o de Mickey Mouse no desenho "Fantasia", com desenhos de luas e estrelas. Observando melhor suas roupas, percebi que o manto continha todas as galáxias. Podia-se ver nele o universo inteiro, com cometas e planetas que se moviam. Tinha barba e cabelos longos e brancos, olhos azuis e um sorriso róseo. Aliás, sua pele era rosada como a do Papai Noel. Tinha nas mãos, ou melhor, flutuava sobre suas mãos uma bola brilhante e branca, que irradiava luz prateada. Imaginei que se tratasse de Merlin, mas não era. Parecia ser ou representar outro mago.

– Quem são vocês? – perguntei.

Cary Grant respondeu:

– Você se lembra de mim, não?

– Sim – respondi, perguntando em seguida ao outro homem se era o rei Midas:

– Sim, sou. E trago-lhe riquezas.

O terceiro homem disse então:

– Eu sou a sabedoria.

Os três sorriram para mim.

– Devo escolher entre um de vocês, é isso?

– Pode escolher, se quiser.

Observei então cada um deles com atenção, da esquerda para a direita e disse:

– Hoje eu trocaria a fama e a fortuna pela sabedoria. Escolho você – E apontei para o mago.

Nenhum deles me disse se fiz a escolha correta. Mas meu ego, humano, gostaria de saber qual foi meu desempenho no teste e que nota havia tirado.

– *Observe* – disse o mago, passando as mãos sobre a bola e colocando-as acima e abaixo da bola.

– *O Sol e a Lua.*

Moveu novamente as mãos, colocando-as à esquerda e à direita da bola.

– *A Terra e as estrelas.*

Repetiu então os movimentos e as frases diversas vezes.

Olhei para ele sem entender:

– Sim, mas e daí?

Ele olhou para mim com ar de profunda sabedoria e falou ainda uma vez mais:

– *O Sol e a Lua, a Terra e as estrelas.*

Até hoje não sei se essa visão continha a chave da vida ou se ele tinha assistido ao filme tantas vezes que acabou enlouquecendo. Ainda não consegui decifrar seu significado.

Lá estava eu, procurando uma direção na vida, esperando que um anjo me desse uma explicação e me aparecem aqueles três malucos falando coisas sem sentido.

Mas qual é a minha relação com o Sol, a Lua, a Terra ou as estrelas? Já tinha passado da idade de me tornar astronauta. Será que devia ler novamente os livros de Carl Sagan? *A Gênese*?

Foi quando Cary Grant deu um passo à frente.

– *Cathy.*

– Sim – respondi quase em lágrimas.

Ele esticou os braços e me entregou o Oscar. Cheguei a ouvir o barulho de sua pele ou da camisa contra o tecido do *smoking*. Parecia o barulho de seda.

Meu coração disparou quando senti o Oscar em minhas mãos. Senti o metal e meus dedos chegaram a tocar os dele.

Era como se tivesse tocado as mãos de um homem vivo!

Foi uma sensação incrível. Minha boca secou e meus olhos se encheram de lágrimas.

– Não entendi.

– *Você se esqueceu de pegar isto da última vez* – disse ele, em tom formal.

– Da última vez?

Ele deu então aquele seu sorriso característico e disse:

– *Sim.*

Fiquei segurando aquele Oscar, com o coração aos pulos, e os três homens desapareceram.

Ainda senti o metal nas mãos durante alguns segundos até que ele também desapareceu e o quarto ficou às escuras.

Depois disso só me lembro de acordar no dia seguinte. Mas acordei sentada na cama e me perguntando "da última vez?" enquanto abria os olhos. Senti então um arrepio percorrer o meu corpo.

Nesses 40 anos tive muitos sonhos inesquecíveis. Alguns até se repetiram, no entanto, todos foram muito profundos. Em um deles descobri que fui escritora de *scripts* de filmes de Hollywood entre os anos 20 e 30. Não tenho certeza (se é que se pode ter certeza sobre o assunto), mas creio que morri por volta de 1943. Era uma profissão bem diferente da que tinha nesta vida.

Tenho a impressão de que os espíritos do "outro lado" me enviaram aquela visão. Pode até ter sido uma simples extensão de minha consciência. Não descarto essa possibilidade. Nosso inconsciente mantém as informações de todas as nossas vidas passadas, o que poderia ter gerado tudo aquilo, inclusive o toque físico que senti.

Depois de muitos anos refletindo sobre a experiência, antes de descrevê-la em meus livros, acabei concluindo que muito possivelmente foi uma visita de seres ou espíritos do "outro lado" que recebi.

Pedi muito a Deus que me mostrasse o caminho naquele momento.

Na época dos filmes *Tudo por uma esmeralda* [*Romancing the stone*] e *A jóia do Nilo* [*The jewel of the Nile*] cheguei a visitar o estúdio da 20th Century Fox, conhecer os atores, a equipe de filmagens, os estúdios e até o escritório de Michael Douglas. Acredito que minha conexão com os estúdios tenha se restabelecido ali.

Tive aquela visão dez anos depois de *Tudo por uma esmeralda*. Durante esse período fiz várias tentativas mal-sucedidas de escrever filmes. Ainda estava muito "crua" nessa área.

Trabalhar em um campo infestado de tubarões como o do mundo cinematográfico, para mim, era pior que a morte. Sabia escrever, mas compor *scripts* parecia totalmente diferente. Deixei minha falta de coragem me fazer crer que se tratava de uma função cerebral diferente da minha, de mera romancista. Será que Deus não ficaria contente com o trabalho que eu já fazia? Aparentemente não. Pelo menos foi o que entendi daquela visão.

Minha pergunta era: o que vim fazer aqui na Terra? Aqueles três homens apareceram para respondê-la: "Agora tem sua resposta. Faça".

Já era a segunda vez em minha vida que "seres" do "outro lado" vinham me dizer o que fazer. A primeira foi quando meu pai, no leito de morte, me disse que eu deveria escrever crônicas/histórias sobre espíritos e anjos, como estou fazendo neste livro.

Mas quando comecei nesta área eu também era muito inexperiente. Creio que até hoje sou. Ainda não tenho certeza se a coragem que demonstro não é mero medo de, quando chegar ao "outro lado" e alguém me perguntar se "cumpri minhas tarefas", não consiga responder sequer "tentei".

Já se passaram mais de dez anos desde aquela visão na cabana. Há dois anos deixei de lado meus romances e parti para o desconhecido.

Fiz vários cursos e aprendi tudo o que pude sobre escrever filmes e criei alguns *scripts* péssimos. Rasguei todos. Entretanto, mesmo quando pensava em desistir, os anjos não me deixavam. Apareciam em meus sonhos, me davam "sinais" durante o dia e me ajudavam a me concentrar.

Hoje tenho nove *scripts*, uma agência produtora e representantes em Los Angeles e Nova York. Recentemente, inclusive, um agente em Hollywood começou a atuar como representante independente de meu trabalho e do de meu marido, Jed Nolan. Temos mais de 15 projetos exibidos toda semana na televisão, cotados no *Hall* da Fama e que se transformaram em séries baseadas neste livro sobre anjos e nos meus anteriores, *Quando os anjos nos protegem* e *Na proteção dos anjos*. Muitos de meus *scripts* estão sendo adquiridos por grandes produtoras e estúdios. Recentemente fechamos acordo com mais duas. Quando este livro estava para ser publicado fechamos também com uma co-produtora que estava interessada em cinco deles. O processo de transformar palavras em texto e texto em filme leva anos, mas se Deus quiser eu "chego lá".

Fiz nos últimos anos coisas que já julguei inconcebíveis em minha vida. Deixar a segurança de minha carreira de romancista em banho-maria, sair do Texas deixando meu filho e neta e me mudar para a Califórnia foram verdadeiros "testes de resistência". O plano comercial que Jed e eu desenvolvemos para a nossa empresa foi o texto mais difícil que já escrevi. Nunca tive preguiça para trabalhar, mas já perdi a conta do número de dias, horas que passei em atividade sem direito a descanso ou lazer. Com certeza, aprendi mais nesses últimos três anos do que em vinte, lá atrás. Conheci arrecadadores de fundos, consultores financeiros, investidores, produtores, diretores de estúdio, executivos, advogados e contadores e, por incrível que pareça, consigo entender boa parte do que me explicam. Estou aprendendo uma nova profissão e devo admitir que comecei do zero!

Depositei toda a minha fé na palavra dos anjos. Minha alma me diz que, além de meus livros, devo continuar a escrever filmes. Não pretendo ser produtora de cinema e sei que não tenho talento para isso. O que faço bem é contar histórias. Elas é que dão origem aos filmes.

Também, quando meus projetos surgem, não sei se eles vão ou não se transformar em filmes. Sei apenas que: acreditar é bom e que acreditar e colocar em prática é divino. ❦

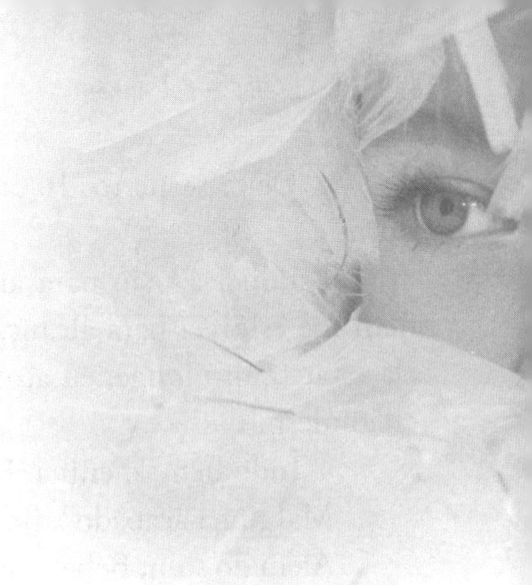

A visita do gatinho

Vinte de junho de 2001.

Passei a noite de 19 de junho de 2001 sendo entrevistada da uma da manhã até quase o nascer do dia no *show* de Art Bell, chamado *Coast to Coast.* O senhor Art estava em férias, mas minha experiência com Ian Punnett foi inesquecível. Dei a entrevista em casa, pelo telefone. Foi a ligação mais longa de minha vida. Os expectadores, além de muito inteligentes e dispostos a contar suas "visões" de anjos, estavam bem mais acordados do que eu!

No fim do programa eu estava exausta, mas ainda teria de enfrentar cinco horas de viagem até Dallas para uma sessão de autógrafos na livraria Barnes & Noble.

Estava determinada a dormir pelo menos algumas horas antes de pegar a estrada. Tinha de sair às nove horas da manhã.

Ainda estava escuro quando fui para a cama. Apaguei a luz e ouvi o som das patinhas de Bebe, minha cadela *golden retriever*, subindo as escadas.

– Bebe? É você? – perguntei.

Bebe responde com um grunhido muito engraçado toda vez que falo com ela. Parece mais o som de um porco que de um cachorro, algo nada feminino. Mas como me garantiram que as fêmeas dessa raça emitem mesmo esse som, acabei me conformando e deixei de imaginar que ela tinha algum cruzamento com suínos na família.

– Deite-se perto da cama, Bebe – eu disse. – Eu preciso dormir.

Estiquei a mão para afagá-la, mas estava tão cansada que nem me esforcei para alcançar sua cabeça. Fiquei com medo de ela estar muito longe, eu acabar caindo da cama e dormindo no chão mesmo.

– Tudo bem, menina. Fique aí boazinha.

Mal tinha acabado a frase, porém, senti Bebe pular na cama.

Além do som, Bebe tem o peso de um porco. Ou melhor, de um carneiro. É bonita e pesada como um carneiro.

Tudo bem, devo reconhecer que a culpa é minha. Dou a ela tudo o que não se deve: biscoitos, salgadinhos e até sorvete. O que fazer? Ela adora essas coisas! Sei que mimo Bebe, Beau e Júnior, demais. Os machos têm metabolismo mais alto e não engordam tanto. Mas Bebe... bem, ela é como todas as meninas. Tem mais dificuldade para manter o peso. Creio que vou montar um quarto com equipamento de academia para cães. Imagine só.

Bem, tudo isso para dizer que quando Bebe pula na cama é impossível não perceber. Mas já que ela tinha subido, não custava acariciá-la antes de dormir. Estiquei a mão para tocá-la, mas meu braço se arrepiou inteiro, e minha nuca também.

"Não é Bebe", pensei.

O quarto pareceu ficar ainda mais escuro. O ar nem parecia circular sob o ventilador de teto. Era como se o tempo tivesse parado.

Tinha a nítida sensação de quatro patas sobre minha cama. Era o espírito de um animal, com toda certeza.

Estabeleci há alguns anos, depois de muitas noites de sono interrompido, algumas "regras espirituais". Uma delas é que não haveria mais fantasmas ou espíritos entrando em meu quarto. Ninguém mais tentaria me tocar, me assustar no meio da noite, conversar comigo ou tentar transmitir mensagens.

Preciso dormir. Todo mundo precisa.

Aquele animal sobre minha cama não me transmitia nenhuma sensação negativa. Ou positiva. Estava simplesmente ali.

"Meu Deus, é um gato!", foi a única coisa que consegui perceber. Estiquei a mão para o lado da cama, procurando Bebe. Ela emitiu então um de seus ruídos de porco. Mas vindo do chão, não da cama!

A única idéia que me passou pela cabeça é a de que eu poderia encontrar no dia seguinte o dono de um gato que tivesse acabado de morrer.

– Certo, já entendi a mensagem – disse para mim mesma. – Pode ir agora.

Mal tinha acabado de dizer a frase e o peso sobre a cama simplesmente desapareceu.

Um hindu me disse certa vez que a oração mais poderosa do mundo é o Pai-Nosso. É a que faço todas as noites antes de dormir. Ela me faz sentir como se estivesse envolvida em um manto de proteção e adormeço rapidamente quando a termino.

A viagem para Dallas transcorreu muito bem na estrada. Mas à medida que me aproximava o céu ficava cheio de nuvens negras e uma tempestade parecia querer cair sobre a cidade. O trânsito estava extremamente congestionado devido a uma reforma na rodovia e tudo parecia estar acontecendo para me atrasar. A chuva castigou o carro, em seguida veio o granizo, os raios rasgavam o céu e o vento parecia querer me levar para o outro lado da pista. Acabei me perdendo quatro vezes, mas finalmente consegui chegar.

Enquanto estava na livraria uma jovem muito bonita se aproximou e pediu que eu autografasse seu exemplar. Peguei o livro, fiz uma dedicatória e ela então me perguntou se eu gostaria de ouvir uma história de anjos que ela tinha para contar.

A história era muito boa e eu disse que a incluiria em meu próximo livro. Conversamos mais um pouco e, antes de sair, ela disse:

– Para dizer a verdade, não sei exatamente porque vim até esta livraria hoje. Não sabia que você estaria aqui. Creio que precisava de um livro sobre anjos e fui guiada.

– Mas por que justamente hoje? – perguntei. – Você está com algum tipo de problema ou dificuldade em especial?

– Não sei se é algo que eu possa chamar exatamente de um problema. Pode parecer bobagem para muitas pessoas mas minha gata morreu na semana passada. Acredite, estou sentindo imensa falta dela.

– Uma gata? – perguntei surpresa.

Senti os mesmos arrepios da noite anterior.

– Sim. Ela era tão carinhosa.

Perguntei então:

– Devia ser uma gata gordinha, não? Uns nove quilos?

– Oito, na verdade.

Veio à minha mente então a imagem de uma gata grande, cinza e preta ou preta com manchas cinza.

– Tive um gato também mas era da raça *manx*, que não tem rabo – comentei.

– Ah, minha gata tinha um rabo longo e elegante.

– Ela era cinza ou preta e...

– Sim! Preta com manchas brancas e cinza.

Arregalei os olhos. Acredite-me, sou a pessoa que mais se impressiona quando coisas desse tipo acontecem. Talvez seja verdade o que dizem. Quanto mais abertos estamos a esse tipo de "acaso", com mais freqüência ele ocorre. Sempre tive algo que se pode chamar de "intuição desenvolvida", mas antigamente considerava qualquer coisa diferente como fruto de minha imaginação.

– Mas como você sabe tudo isso? – a moça perguntou.

Contei então o que havia acontecido na noite anterior e que algo me dizia que eu encontraria o dono de um gato que tivesse morrido recentemente.

– Então ela está viva... quer dizer, viva do "outro lado" – a moça respondeu, alegre.

– Sim.

– Você não tem idéia do alívio que estou sentindo! Achei que estivesse enlouquecendo porque tive três vezes essa semana a sensação de que ela estava subindo em minha cama. A coitadinha morreu em meus braços. Estava muito doente, mas queria dormir comigo. Sempre adorou minha cama.

– Acho que ainda gosta – respondi.

Conversamos mais alguns minutos.

– É muito interessante esse tipo de coisa porque muitas pessoas me perguntam se os animais têm alma. Acredito que tenham, embora eu mesma nunca tenha visto uma. Mas já ouvi muitas histórias de pessoas que tiveram experiências de quase-morte e viram alguns de seus animais de estimação mortos muito antes. Já vi fotografias de profissionais especialistas em captar imagens de cães, gatos e cavalos "fantasmas". Faz todo sentido para mim achar que as pessoas ou animais a quem amamos e que retribuem nosso sentimento, ainda que apenas sob a forma de lealdade, continuem vivos. Energia é energia. Não deixa de existir – eu disse.

– Eu concordo. Não vejo o espírito de minha gata, mas, às vezes, tenho a sensação de que ela está perto de mim. Eu a amava muito.

– Creio que ela veio até mim para eu lhe dizer que ela sabe que você a ama e que sente sua falta.

– Que coisa, não? – ela perguntou.

– Eu nem planejava vir aqui hoje até que a tempestade começou. Pensei que talvez pudesse encontrar um bom livro sobre anjos; então, entrei e aqui está você com o livro. E ainda me conta que sentiu a presença de minha gata ontem à noite. Você acha que foi minha gata que me "trouxe" aqui? Ou foram meus anjos?

– Ambos, creio eu.

– Puxa. Isso dá muito que pensar – disse ela.

– Sim, mas, seja como for, quem a trouxe aqui gosta muito de você.

Ela sorriu, então, e nos olhamos como fazem amigos e confidentes de longa data.

Mas creio que é disso mesmo que a vida é feita. Reencontramos amigos que fizemos do "outro lado" ou em outras vidas. Não me surpreenderia descobrir que são encontros marcados para aqueles momentos em que podermos ajudar uns aos outros.

O mais estranho é que não damos muito valor a esses pequenos atos. Mas não seria irônico se nós mesmos fôssemos anjos? ❦

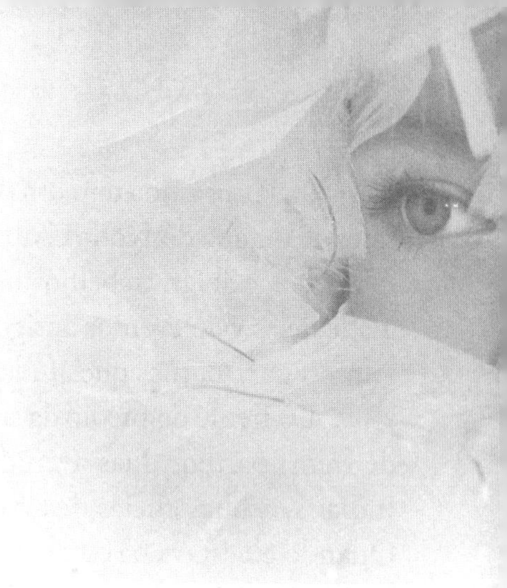

O Halloween

Antes de iniciar esta história, é importante mencionar que a cidade em que nasci, La Porte, em Indiana, fica a cerca de 30 quilômetros da cidade onde nasceu Frank L. Baum, o gênio e autor da obra *O mágico de Oz*. É impossível não lembrar de todos aqueles espantalhos, homens de lata, pessoas minúsculas e retorno ao lar ao norte de Indiana quando chega o mês de outubro. As árvores ficam cobertas de folhas douradas e avermelhadas e esse tom se reflete nos lagos, emitindo uma luz âmbar. Quem olha para a paisagem com olhos semicerrados por causa da intensidade do reflexo tem a impressão de estar diante de uma estrada para o céu.

Sempre tive a impressão de que La Porte está encapsulada em uma espécie de fenda do tempo e praticamente não se modificou desde a época em que nasci, em 1947. Já trouxe diversos amigos de cidades grandes ou até de algumas menores para visitar La Porte, mas ninguém parece acreditar no que vê. É uma mistura de cenários de *O mágico de Oz* e das obras de Frank Capra.

No centro da cidade fica o prédio de pedras vermelhas da corte judicial, com sua grande e aguda torre e o relógio. A estrutura atual é de 1893, mas o prédio foi inicialmente construído em 1835 e reformado em 1849. Naqueles corredores e salas meu pai defendeu muitas causas como advogado criminal e depois como civil. Aposentou-se como uma espécie de defensor público.

La Porte ainda tem um desfile de Quatro de Julho, os famosos cafés da manhã do Lion's Club e uma feira do condado em que meus sobrinhos exibem trabalhos manuais exatamente como eu fazia na idade deles. São eventos antigos, que em muitos lugares já se perderam no tempo, mas que ainda fazem parte da realidade da cidade.

Da frente do prédio da corte, que fica a duas quadras da estação de trem, partem duas avenidas principais chamadas Michigan e Indiana, ambas cheias de árvores plantadas há mais de 100 anos. Quando eu estava na escola primária os escoteiros extraíam xarope da árvore de bordo [xarope de *maple*] e o vendiam para ajudar diversas instituições beneficentes. Até hoje me lembro daquele aroma doce que vinha dos caldeirões enquanto os escoteiros e seus pais mexiam lentamente. Tenho saudades daquela época.

A herança da arquitetura vitoriana se espalha graciosamente pelas "avenidas", cada uma com estrutura própria e diferente, ecoando o passado e ao mesmo tempo aconchegando as famílias em seus lares. Embora todos os feriados sejam comemorados em La Porte, é durante o *Halloween* que as casas ficam com mais aparência de América antiga.

Abóboras e enfeites surgem nas balaustradas e sacadas. Grinaldas de flores, frutas secas e pinhas decoram as portas. Guirlandas de folhas de outono e ráfia são colocadas ao redor das entradas, em postes de luz e caixas de correio, lembrando a todos que aquele já foi território índio, sagrado e abençoado.

Quando o sol se põe e a névoa da noite se mistura às nuvens ainda alaranjadas, a corrente de ar espalha as folhas de outono, que voam como se mãos invisíveis as movessem e jogassem de um lado para outro.

É exatamente a mesma paisagem de 1950, quando eu ainda era criança. Na noite de *Halloween* as crianças saem de porta em porta pedindo doces (ou fazendo travessuras com quem não quer dar). Nós costumávamos ir todo ano à casa da vizinha ao lado, senhora Parker, que fazia biscoitos em forma de abóbora e com nosso nome. O único problema é que ela só fazia *um* para cada criança. Colocar nomes nos biscoitos também era uma forma inteligente de saber se havia alguém tentando comer os dos outros. Depois íamos à casa da senhora Dompky, que nos dava suco de maçã e sonhos recheados. Mas meu doce predileto era a pipoca doce da senhora Mellenthin. Minha mãe também fazia doces coloridos em forma de abóbora para todos os nossos amigos.

Só fui conhecer barras de chocolate recheado e chicletes no colegial. Mas o *Halloween* ainda era uma data especial para se comer doces diferentes. E também a época de se contar histórias de terror ou de aventura e de conhecer os "invasores", crianças de outros bairros que apareciam e se aventuravam para depois poder contar a todos como haviam enfrentado os "garotos grandes" do bairro ao lado. As meninas contavam sobre os sustos que levavam com garotos aparecendo de repente por detrás das cercas, gritando. Porém, as mais horripilantes de todas... são nossas histórias de fantasmas. Vou contar uma delas.

Meu pai voltou para casa, depois de uma reunião na noite de *Halloween* em 1958, com a melhor história de fantasmas de sua vida para nos contar.

Um casal muito amigo de meus pais, Bob e Gerri Zimmermann, morava com os cinco filhos em uma casa antiga da rua 18 de La Porte. A casa tinha uma estrutura pesada, pé-direito alto, molduras belamente entalhadas e pesadas portas de carvalho maciço. Uma escada também toda entalhada levava ao andar de cima. Quando o casal se mudou para a casa coisas estranhas começaram a acontecer. À noite, quando Gina ou Kathy apagavam as luzes, as lâmpadas se acendiam novamente, sozinhas. Isso acontecia com tanta freqüência que Bob chamou um eletricista para verificar.

Como a casa era antiga logo imaginaram que deveria ser a fiação. Porém, mesmo depois de gastarem bastante dinheiro trocando toda a instalação elétrica, o problema das lâmpadas acendendo e apagando sozinhas continuava.

Uma das crianças logo sugeriu que a casa podia ser assombrada. Bob não acreditava em fantasmas:

– O que está morto está morto – disse às crianças.

Mas alguns meses depois a família estava reunida na sala montando um quebra-cabeça quando ouviram uma das portas de cima bater.

– Deve ser o vento – disse Bob, se levantando. – Vou ver se a janela está fechada.

– Está frio lá fora – respondeu Gerri. – Todas as janelas estão fechadas.

– Impossível. Como a porta bateu, então?

– É o fantasma, papai – as crianças responderam em uníssono.

Bob subiu para verificar. As janelas estavam todas bem fechadas. A todo momento o fantasma invasor pregava peças na família.

Até que um dia Bob decidiu investigar realmente o assunto. Telefonou para meu pai, para o delegado e para dois deputados, amigos seus, para servirem de testemunha.

O grupo foi até a casa e se reuniu na ante-sala, perto da escada. Tanto o delegado quanto as testemunhas estavam totalmente céticos. Meu pai "se abstinha de emitir comentários". Bob pediu ao fantasma que se manifestasse acendendo uma lâmpada, fechando uma porta ou movendo um objeto. Ficaram esperando, mas nada aconteceu.

Durante uma hora Bob continuou pedindo ao fantasma que lhes desse um sinal, mas a casa continuou no mais absoluto silêncio. Até que finalmente o delegado, cansado e querendo ir logo para casa jantar, tirou o cinto da calça, pediu que os outros fizessem o mesmo e prendeu os três entre dois pilares da escada.

– Desafio qualquer espírito nesta casa a tirar esses cintos do pilar da escada! – ordenou.

Em alguns segundos a fivela do cinto que segurava os outros se levantou, o pino de metal saiu do buraco do couro, a tira se soltou e os três cintos caíram no chão.

Todos ficaram olhando, sem acreditar.

– Estão vendo? – disse Bob. – Minha casa é assombrada.

Todos saíram imediatamente.

Era essa a "reunião" a que meu pai tinha ido.

Tínhamos nos sentado ao redor dele no chão como fazem os índios para ouvir a história. Quando terminou, estávamos todos encolhidos, apavorados.

– O mais interessante – disse meu pai – é que eu não tive nenhuma sensação ruim. Creio que esse fantasma não é mau sujeito.

Mas respondemos:

– Não. Fantasmas gostam de assustar as pessoas!

– Não tenho tanta certeza. Talvez só queiram mostrar que estão perto de nós. Em vez de termos medo, o mais certo é orar por eles.

E continuou, sorrindo:

– Ajudar os seres amados que já deixaram a Terra é o verdadeiro objetivo do *Halloween*. É mais do que mera troca de doces e brincadeiras. Amanhã é Dia de Todos os Santos. Na Antiguidade, os primeiros cristãos queriam transformar a Terra no lugar mais abençoado do universo e por isso mantinham fogueiras acesas a noite toda para livrar o ar dos pensamentos e atos impuros e abrir caminho para os mais carinhosos e corajosos. Os santos eram pessoas boas, que ajudavam as outras e dedicavam suas vidas ao bem. A noite de *Halloween* é, na verdade, uma noite de orações, assim como a de Natal. Podemos ajudar os fantasmas tristes e sofredores como os da casa dos Zimmermann rezando para que encontrem o caminho do Céu.

Então, saiu da sala e nos deixou pensando.

Lembro-me de olhar então para minha cesta de doces e não achá-la mais algo tão especial. Tinha passado a noite toda brincando, "recebendo", quando, na verdade, deveria estar oferecendo ajuda às pessoas. Não me senti orgulhosa de mim mesma.

Naquela noite, quando Nancy e eu nos deitamos, olhando para o teto como sempre, fizemos algumas orações juntas.

– Espero que o fantasma da casa dos Zimmermann possa ir embora – disse Nancy.

– Eu também. Ele deve estar muito triste. Mas quem morre não deveria ficar contente?

– Não sei. Mas estava aqui pensando. Não vou conseguir visitar Laura enquanto aquele fantasma estiver lá. Vou ficar com medo.

– É, eu não havia pensado nisso – disse, rindo. Nancy tem um senso prático que também é muito engraçado, às vezes.

Alguns anos depois, os Zimmermann venderam a casa e o terreno em volta dela para um grupo de médicos que construiu uma grande clínica no lugar. Mas até hoje se ouvem histórias de luzes que acendem e apagam sozinhas durante a noite e de elevadores subindo e descendo vazios.

Quem sabe na próxima noite de *Halloween* você não se lembre desta história e resolva fazer uma prece para que a alma que ocupa o "espaço" onde a casa dos Zimmermann existiu possa se virar, olhar para a luz de Deus, abrir seu coração ao ver a família esperando do "outro lado" de braços abertos e caminhar ao encontro dela. ❦

Ângela e a ajuda dos anjos

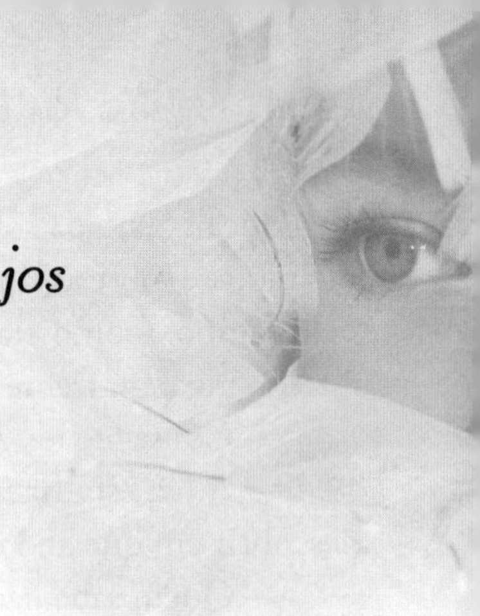

Nota da Autora: Nesta história comovente, minha amiga Vicki conta sobre o encontro de sua filha Ângela com um espírito que salvou sua vida.

Ângela estava no colegial quando ouviu pela primeira vez as histórias sobre três túmulos que ficavam próximo da estrada de ferro. A ferrovia Interstate 10, que passava a oeste de Houston, cortava o estado. Mas uma das condições para a passagem dela pela região durante sua construção foi a de que as sepulturas não fossem retiradas e nem fossem destruídas as lápides do padre e das duas freiras que estavam enterrados ali.

Duas amigas de Ângela, Karen e Shea, tinham ouvido falar de histórias de fantasmas e de ocorrências muito estranhas perto dos túmulos. As pessoas falavam de aparições e de vozes que se ouviam durante a noite no local. Mas, como toda história desse tipo nunca se sabe realmente até que ponto é verdadeira, quando Shea e Karen convidaram Ângela para ir com elas ver os túmulos, durante a noite, a curiosidade falou mais alto.

As três sepulturas ficavam em uma espécie de aterro bem próximo dos trilhos. As garotas estacionaram ali perto e subiram até o local. Sentada sobre os trilhos, Ângela ligou uma lanterna e inclinou-se sobre as lápides para ler as inscrições, já quase apagadas pelo tempo. Como era noite de sábado, havia tráfego intenso na estrada logo em frente.

– Consegue ler, Angie? – perguntou Shea.

– A luz está fraca. Não dá para ver direito. Estou tentando descobrir em que ano eles morreram.

– Quem sabe não é melhor voltarmos durante o dia – disse Karen, sentindo um arrepio na espinha.

Angie assoprou o pó sobre a lápide, tentando ler as datas, mas as letras estavam tão apagadas que não conseguia.

Estava tão concentrada que nem ouviu Shea dizendo:

– Levante-se.

O barulho do trânsito aumentou com alguns caminhões e uma ambulância que vinham passando. Angie continuou sentada sobre os trilhos, examinando as lápides.

Karen começou então a gritar:

– Angie! Saia dos trilhos!

Mas Ângela não ouviu.

De repente sentiu como se alguém tivesse colocado a mão sobre seu ombro e a empurrado para a frente. Ela se desequilibrou e escorregou pelo barranco.

Quando olhou para cima, um trem passou a toda velocidade exatamente sobre o lugar onde ela estava sentada um segundo antes.

Quando tudo terminou, viu Karen e Shea do outro lado, chorando e gritando, certas de que ela tinha sido atingida.

– Estou aqui! – gritou de onde estava.

As duas vieram correndo e a viram ainda sentada no chão.

– Você está viva! – gritaram, contentes.

– Sim, estou – respondeu ela, se levantando e batendo as mãos nas roupas para tentar tirar a poeira.

– Eu chamei várias vezes, mas você não me ouvia. O barulho do trânsito estava mais alto que o do trem – disse Shea.

Karen a abraçou.

– Você não ouviu mesmo o trem?

– Não, não ouvi – respondeu Ângela.

– Mas então como foi que...?

– Se não fosse você me empurrar...

Karen balançou a cabeça.

– Não fui eu. Não dava tempo. Estávamos longe de você, no outro lado do barranco.

As três olharam para os túmulos do padre e das freiras e então umas para as outras, assustadas. Tinham acabado de presenciar um milagre.

– Você acha que é possível? – perguntou Shea.

Ângela respondeu:

– Não só é possível, como aconteceu. Não sei qual deles salvou minha vida, talvez os três juntos. Mas senti uma mão em meu ombro. Era a mão de um fantasma.

Então, aproximou-se lentamente dos túmulos e tocou cada um deles dizendo:

– Obrigada por me salvar. Jamais vou me esquecer de vocês. Jamais.

As três saíram, abraçadas. Quando planejaram ir ver os fantasmas, estavam procurando provas de que os espíritos convivem entre nós. Esperavam ouvir uma voz ou ver alguma coisa na névoa como acontece nos filmes. Jamais imaginaram que sairiam dali com uma perspectiva totalmente diferente em relação à vida e à morte. ❦

As mensagens dos bebês

Em 2001, meus livros sobre o assunto, *Quando os anjos nos protegem* e *Na proteção dos anjos*, ficaram famosos em minha cidade natal, Houston, no Texas. Fui convidada, então, a participar de diversos fóruns de discussão nas livrarias. Em um deles, na livraria Barnes & Noble, comentei que um filho meu tinha morrido logo depois de nascer, quando eu tinha 28 anos. Depois da sessão de autógrafos uma mulher que estava na audiência me convidou a uma reunião na igreja de um grupo de pessoas que tinham perdido filhos em situação semelhante à minha. Achava que eu poderia contribuir com elas e me sentir bem. Expliquei então que nunca tinha dado palestras para grupos desse tipo e que não me sentia qualificada para isso. Não sabia como lidar com as emoções desses pais. Ela disse então que era orientadora do grupo e que só queria que eu falasse durante uns dez minutos sobre meu livro, sobre anjos e sobre a experiência de quase-morte de meu pai. Disse também que minhas histórias levariam encorajamento e esperança a todos e que eram sete casais, uma mãe solteira e um pai solteiro. Por fim, concordei em ir à reunião na semana seguinte.

Devo mencionar que se tratava de uma antiga igreja cristã presbiteriana, não de um grupo de estudos místicos. Eram cidadãos com concepções religiosas tradicionais. Como se pode imaginar, estavam atormentados com a perda trágica de seus filhos. Mais do que esperança, eles precisavam "entender" o que ocorrera.

Mas quando a reunião começou, a orientadora mudou de idéia e, em vez da palestra sobre o livro, pediu apenas que cada casal se apresentasse e me contasse um pouco sobre sua vida e sobre como havia perdido seu filho.

Achei que seria uma boa idéia e que o processo todo não levaria mais do que quinze minutos.

O primeiro casal se apresentou e me contou sobre seu filho que tinha morrido aos dois anos de idade devido a um problema cardíaco. Fazia apenas três anos, mas para eles era como se tivesse acabado de acontecer. Ao final do relato, os dois estavam chorando, abraçados.

Fiquei consternada. A dor deles ainda era muito profunda. Fez com que a minha também emergisse. A orientadora nem precisou fazer muito esforço para que eu me identificasse com o grupo. Em menos de dez minutos eu estava totalmente imersa na dor de todos eles.

Como eu havia informado, era minha primeira experiência com reuniões desse tipo. Tive algumas noções de psicologia na faculdade, mas nada que me preparasse para algo assim. Não sabia o que dizer para aquelas pessoas, tanto em nível psicológico quanto diplomático.

No início me olhavam esperançosas, como se eu tivesse algum tipo de resposta para elas. Mas depois de alguns minutos voltaram ao estado de desesperança de sempre, acreditando que ninguém poderia mesmo ajudá-las. Mas foi justamente aquela falta de esperança geral que levou os anjos à ação.

Perguntei ao casal:

– Em que mês seu filho nasceu?

– Em julho – respondeu a esposa.

– E em que mês morreu?

– Em dezembro.

– Então veio no período da água e partiu no do fogo. Ele evoluiu.

Todos olharam para mim, sem entender. Eu mesma estava me questionando. De onde havia tirado aquela idéia? Não fazia o menor sentido. Sei que, em termos astrológicos, o mês de nascimento é importante para se determinar tendências e aspectos da personalidade. Mas que diferença faz o mês da morte? E por que eu havia perguntado aquilo? Logo percebi, então, que não era eu quem estava fazendo as perguntas. Eram os anjos.

Não lutei então contra a força divina. Deixei que transmitisse por meu intermédio as mensagens que aquelas pessoas precisavam.

Perguntei ao mesmo casal:

– Há algo em especial sobre seu filho que vocês queiram dizer?

– Não.

Passamos então ao casal seguinte. Disseram seus nomes e, antes mesmo de dizerem o nome da criança, algo estranho e milagroso aconteceu. Tive a impressão de ver um garoto de dois anos próximo do primeiro casal. Estava usando uma camiseta de rúgbi com listras azul-marinho e vermelhas e tinha nas mãos um coelhinho de pelúcia.

Interrompi o segundo casal e voltei ao primeiro.

– Seu filho tinha um bicho de pelúcia favorito? Um coelhinho, por acaso?

– Sim – respondeu a esposa.

– Como você sabe? – perguntou o marido.

Ver crianças desencarnadas não é exatamente minha especialidade, mas respondi.

– Foi só uma sensação.

E logo em seguida perguntei:

– Ele tinha uma camiseta com listras azul-marinho e vermelhas com *short* combinando?

– Enterramos nosso filho com essa roupa – disse a mãe.

– Suas sensações são bem específicas – comentou o pai.

Olhei para ele e disse:

– Posso ver que seu filho está sempre com você. Ele os ama muito e jamais os abandonou.

Os dois pareceram aliviados com a informação, mas alguns cochichos entre os casais na sala me mostravam que o ceticismo ali era quase palpável. Não os culpava por não acreditarem no que ouviam. Eu mesma quase não acreditava! Sentia que aquela visão do menino era uma conexão com os anjos. Podia acabar a qualquer instante.

Passamos então ao outro casal. A filha deles tinha seis meses quando morreu. Disseram seu nome e logo em seguida eu vi uma garotinha loira de olhos azuis ao seu lado.

Sem que eles dissessem, senti que tinha morrido no mês de abril. Como tinha apenas seis meses quando morreu, imaginei que tivesse crescido do "outro lado". Parecia ter a idade que teria se estivesse deste lado do véu. Os pais *não* a tinham descrito. Eu perguntei se era loira e tinha olhos azuis.

– Sim – respondeu a mãe, que ficou olhando bem para mim e disse: – Você pode vê-la, não?

– Sim. Ela quer que eu diga que nasceu e morreu para que este momento, no dia de hoje, acontecesse. Vocês se recusam a acreditar, na prática, que existe vida após a morte, mas seus corações sempre disseram o contrário. Essa luta interior já causou muitos problemas em seu casamento e até afetou sua saúde. Ela está aqui para ajudar vocês dois mostrando por meu intermédio e de vários milagres que ainda vão acontecer em sua vida que existe, realmente, vida após a morte.

Quando terminei, o casal me agradeceu em lágrimas. Expliquei então:

– Minha presença aqui é inteiramente casual. Sua filha encontraria, cedo ou tarde, uma pessoa ou um canal para falar com vocês. Está há muito tempo procurando.

Passamos então ao casal seguinte. Seu filho tinha apenas dois anos quando morreu em um acidente de carro, mas o espírito que estava ao seu lado era o de um rapaz robusto de uns 16 anos, tão saudável que parecia estar vivo. De tudo o que vi naquela noite, o rapaz foi o mais impressionante. Só não senti medo porque ele transmitia um amor muito grande.

Estava ansioso para falar comigo e com os pais. Disse que estavam pensando em se divorciar e que o pai culpava a mãe pelo acidente. Explicou então que a mãe não tinha a menor culpa por um destino que já estava traçado e que os três haviam decidido já no "outro lado", antes de encarnar, que aquele acidente ocorreria. Amava muito os dois e não desejava vê-los divorciados. Queria que soubessem que estava sempre com eles, que nunca os abandonava.

Levou mais de duas horas até os filhos de todos os casais se manifestarem. Eu tinha me preparado para falar durante uns dez minutos naquela noite e ir embora. Nunca havia passado por uma experiência assim.

O terceiro casal era diferente. Muito bonitos, deviam ter seus 45 ou 50 anos. Estavam bem vestidos e tinham corpo e bronzeado de quem praticava esportes ao ar livre. O marido estava sentado de costas para a esposa, com as pernas cruzadas e os braços também. Estava claramente tentando esconder seus sentimentos.

Quando olhei em sua direção, vi sua filha de 21 anos atrás deles. Tinha asas de anjo.

A mulher disse seu nome e eu perguntei o do marido.

– Isso é um absurdo! Como você pode enganar as pessoas desse jeito?

Não respondi. Olhei apenas para a filha, esperando que ela desse uma resposta.

– Vejo sua filha na Itália, pintando um quadro e rodeada por anjos. Em uma vida anterior ela foi aprendiz de Raphael. Adorava Michelangelo e gostava de desenhar anjos quando criança. Seu cabelo era loiro, cacheado e seus olhos bem verdes. Teve de morrer naquela idade porque tentou a vida toda fazer seu pai acreditar que Deus existe e que conseguia ver e se comunicar com anjos. Seus únicos objetivos eram ser pintora na Itália e retratar os anjos.

Parei de falar.

O pai me olhava como se eu fosse um alienígena.

A mãe começou a chorar baixinho.

Não disseram uma única palavra.

A mulher ao lado deles esperou pacientemente até chegar sua vez. Mas a presença de seu filho era tão forte que eu não podia mais ignorá-la.

Antes de ela dizer qualquer coisa eu me adiantei.

– Seu filho era militar. Morreu no cumprimento do dever. Está aqui para dizer sobre aquilo que você sentiu ontem à noite, quando desconfiou que o homem na garagem a estava seguindo, não foi imaginação. Ele já a seguiu três vezes. Está planejando matá-la e roubar seu carro. Não vá mais sozinha até o estacionamento do escritório. Desça sempre com alguém e informe sobre isso ao pessoal de segurança, que vai pegá-lo espreitando você no escuro.

Parei de falar. A informação deixou até a mim assustada. Anos atrás tinha passado por um período em que recebi diversos avisos por sonho e ouvia sempre a voz de alguém que me protegia, ou de um anjo. Já nem me lembrava mais disso.

A mulher confirmou tudo o que eu havia dito. Disse que tinha vindo para aquela reunião com a sensação de que seu filho queria falar com ela, mas não tinha a menor idéia de como isso poderia acontecer. Tinha sonhado duas vezes com o filho nos últimos dias. Agora estava recebendo a confirmação das informações.

Quando a reunião terminou todos os pais e mães tinham recebido uma visita ou mensagem de seus filhos.

Quanto a mim, estava completamente exausta. Fiquei imaginando como deve ser a vida dos médiuns e sensitivos que vivem disso. Estava pronta para sair dali e passar em algum lugar para comer um *cheeseburger* duplo!

Rezamos o Pai-Nosso juntos para encerrar a reunião e todos pediram que eu autografasse seus exemplares de *Quando os anjos nos protegem* e *Na proteção dos anjos*. Vieram me abraçar e falar comigo. Foi a parte de que mais gostei.

Os pais da moça que tinha ido para a Itália ficaram até todos saírem. O pai queria me agradecer. Disse que havia muito tempo relutava em ir àquela reunião. A mãe freqüentava o grupo fazia seis meses, mas era a primeira vez que conseguia trazê-lo. Ele queria me dizer que naquela mesma tarde havia comprado passagens para ir com a esposa a Roma ver os lugares que a filha tanto amava. Agora a viagem teria mais sentido. Sabiam que a filha provavelmente tinha arranjado para que tudo aquilo acontecesse. Disseram também que ela era exatamente como eu havia descrito e que pintava anjos. Seus quadros ainda decoravam as paredes da casa.

– Agora você conhece o significado real da palavra "anjo". Sua filha foi e ainda é um deles.

Saí da reunião ainda perplexa. Quando entrei no carro relaxei, encostei a cabeça no volante e agradeci a Deus por ter me permitido servir de instrumento para ajudar aquelas pessoas.

A única coisa que não disse a elas é que enquanto conversava com um dos casais eu vi meu próprio filho. Ouvi sua voz dizendo claramente "oi, mamãe". Agradeço até hoje de todo coração ao ser de luz que me permitiu e ainda permite falar com Ethan, meu filhinho.

Epílogo

Uma semana depois dessa experiência tão intensa fui à missa de quarta-feira à noite com minha amiga Fran. Contei a ela sobre a reunião e fiquei surpresa com sua reação.

– Catherine, como você pode saber se aquilo não foi obra do diabo? E se tudo o que você disse a eles foi mentira inventada por um ser do mal? Vamos falar com o padre Vincente. Você precisa contar isso a ele agora mesmo.

– Fran, se você estivesse lá teria sentido a imensidão do amor que havia naquela sala. Não era energia ruim, com toda certeza. Mas se você quiser vamos falar com padre Vincente. Se ele disser que foi uma coisa boa, você vai ficar mais tranqüila?

– Sim, com certeza.

No dia seguinte telefonei para o padre e marquei um horário para falar com ele no sábado de manhã.

Padre Vincente era uma pessoa de quem eu gostava muito em Houston. A igreja em que ele trabalhava foi construída logo após a Primeira Guerra Mundial e eu sempre me senti muito bem dentro dela. O ambiente, os paroquianos e os padres sempre foram muito especiais para mim. Era meu pequeno paraíso. Um momento que me marcou muito foi quando levei minha neta de três anos a aquela igreja e fomos ao local atrás da sacristia onde se acendem velas. Acendemos uma fazendo um pedido de ajuda pelos mais pobres, nos ajoelhamos e fizemos preces a Jesus.

O padre Vincente tinha mais de 70 anos e ainda conservava o sotaque italiano que trouxe de sua terra. Foi me receber à porta e eu levei meus biscoitos caseiros prediletos para ele e para os outros padres, além de um exemplar de *Quando os anjos nos protegem* e de *Na proteção dos anjos*. Ele ficou muito contente e nos sentamos para conversar.

Contei a ele exatamente tudo o que aconteceu na reunião, sem modificar ou acrescentar nada. Falei da preocupação de Fran e ele me ouviu com toda atenção. Quando terminei, ele folheou um livro, mas percebi que não estava lendo. Estava em profunda reflexão.

Então, sem dizer uma só palavra, levantou-se e foi até a estante em seu escritório. Pegou um exemplar de *A vida dos santos.* Na igreja católica os santos são pessoas cuja vida serviu de exemplo. Muitos chegaram a ser torturados e mortos por seus ideais e fé. Outros foram considerados santos devido à sua grande bondade e atitude cristã para com seus semelhantes.

O padre me pediu para ler sobre Santa Catarina. Na verdade há duas santas com este nome. A primeira é Santa Catarina de Alexandria, que viveu no Egito no século quarto.

"Era uma moça muito versada, de família nobre, que protestava contra a perseguição aos cristãos pelo imperador romano Maxentius, e enfrentou os eruditos reunidos por ele para ir contra ela. Foi condenada a morrer na roda de tortura (mais tarde chamada de Roda de Catarina), mas a engrenagem quebrou e ela foi decapitada. É a protetora dos filósofos e eruditos"(*Encyclopaedia Britannica*, 15ª ed.).

Santa Catarina era uma escritora mística.

A outra é Santa Catarina de Siena, que viveu entre 1347 e 1380 e foi membro da ordem dominicana. Foi a responsável pelo retorno do papado (as regras papais) de Avignon para Roma em 1377. É a santa padroeira da Itália.

"Os escritos de Catarina, que foram todos ditados, incluem cerca de 380 cartas, 26 preces e quatro dissertações do *Il libro della divina doutrina* ("O Diálogo de Santa Catarina"). O registro de suas experiências arrebatadoras no *Diálogo* (por volta de 1475; tradução para o inglês moderno de A. L. Thorold, 1925) descreve seus dogmas a respeito da 'célula' do conhecimento de Deus e do eu que ela estudou"(*Encyclopaedia Britannica*, 15ª ed.). Também foi uma escritora mística, assim como a outra.

Eu tinha estudado a vida dos santos no colégio católico que freqüentei. Mas na infância e adolescência aquelas histórias me pareciam tão fantasiosas quanto histórias de fadas. Contudo, de repente, ouvindo o padre falar, percebi que um aspecto interessante da vida daquelas mulheres é que elas eram místicas e escritoras também. Ou seja: elas falavam com os anjos.

– Depois de ler sobre a vida destas santas – disse padre Vincente – pedi muito a Deus que me desse esse dom, como o de Santa Catarina, a padroeira da Itália.

E completou, olhando bem para mim.

– Não há o que temer, Catherine. Quando Deus deu ao seu filho a doença genética que causou sua morte ao nascer, estava lhe dando também a chance de falar com essas pessoas que sofrem como você sofreu.

Fiquei parada, sem dizer uma palavra. Ele também ficou em silêncio e desfrutamos de um momento mágico de reflexão.

– Padre Vincente, eu nunca lhe disse que tive um filho com doença genética e que morreu.

Ficamos mais alguns segundos em silêncio. Eu me arrepiei inteira, mas era uma boa vibração como se anjos estivessem ao nosso redor. Os olhos do padre se encheram de lágrimas. Ele cobriu o rosto com as mãos.

– Será que sempre tive esse dom? Pedi tanto a Deus para tê-lo sem saber que sempre esteve dentro de mim.

– Padre, o senhor sempre aconselhou as pessoas. Entregou sua vida à ajuda ao próximo. Cada célula de seu ser é composta do mais puro amor. É claro que o senhor fala com os anjos. O que faltava era apenas um pequeno ajuste de comunicação.

Rimos e nos abraçamos. Percebemos então que não havia nada de especial em nós ou mesmo nas santas que ele havia mencionado.

A única coisa especial é o amor que os seres humanos são capazes de dar um ao outro e o apoio nas horas difíceis. É uma forma de amor incomensurável. Na verdade, nós somos apenas instrumentos do divino. ❦

Nota: Abril de 2005. Acho interessante o fato de nunca mais ter tido experiências como aquela da reunião. Isso não significa que não possa vir a acontecer, mas também não tenho a pretensão de ser profetisa, paranormal ou mística. Acredito que aquela tenha sido uma noite especial em que fui "instrumento" dos anjos para levar conforto a aqueles pais que precisavam de respostas, de esperança e de uma prova de que Deus as ama muito, mesmo tendo "levado" suas crianças. Já me disseram que "Deus age de maneira misteriosa". Eu acredito nisso.

Parte 5

Visitas noturnas dos anjos

Essas visitas dos anjos são as mesmas que se vêem na *Bíblia*. E quase todas as religiões têm histórias de visitas de anjos durante o sono.

Assim como a história daquele que apareceu para José dizendo a ele para levar Maria e o bebê Jesus para o Egito e evitar o massacre dos inocentes durante o reinado de Herodes, essas visitas noturnas normalmente ocorrem para nos alertar sobre situações de perigo para nós ou para nossa família. Mas até hoje não se sabe como era o anjo que apareceu para José. Foi descrito apenas como "um anjo do Senhor". Não sabemos se tinha asas e tampouco qualquer outro detalhe. Poderia até mesmo ter forma humana comum.

Neste capítulo as histórias envolvem anjos de diversas formas que aparecem em sonhos.

Não são necessariamente de avisos de perigo, morte ou doença, apenas de conforto ou para informar a alguma pessoa detalhes importantes de sua vida.

Também é importante compreender que quem recebe a visita não precisa estar necessariamente dormindo. A ciência e a psicologia modernas acreditam já conhecer muito sobre a mente e sobre o estado de sonho, mas a grande verdade é que o cérebro humano ainda é um vasto território desconhecido. Não sabemos exatamente como funciona. E muito menos a mente, que também envolve emoções e a vontade humana no processo de pensamento. Sabe-se tão pouco sobre o estado de sonho que ainda não acredito ser possível discernir entre um sonho e a visita de um anjo ou de um espírito.

Quanto mais a ciência investiga sobre a habilidade do cérebro de desenvolver atividades a que chamamos "mediúnicas", "paranormais", "de visão à distância", "telepatia", "telecinese" e "sobrenaturais" (acima do normal), mais se conclui que as visitas dos anjos são algo real, que faz parte da experiência humana.

Se pensarmos bem, há 30 anos o público não fazia idéia do que eram "microondas". Não havia como medi-las ou quantificá-las. Hoje toda uma geração, como a de minha neta, sabe que microondas são a maneira como se cozinha boa parte dos alimentos. Não se consegue conceber refeições que não possam ser aquecidas instantaneamente.

Nas próximas gerações creio que será possível fotografar ou filmar os anjos, assim como hoje já é possível gravar a voz de espíritos.

Já conseguimos fotografar, com um tipo especial de filme, espíritos de pessoas que já morreram. Também se pode registrar e imprimir imagens das cores da aura ao redor de nosso corpo. Na verdade, quando temos pensamentos negativos sobre alguém ou alguma coisa, ficamos envolvidos por uma cor marrom-escura. Mas se pensamos de maneira positiva sobre as pessoas ou sobre nós mesmos, somos circundados por tons claros e brilhantes de amarelo ou azul. E quando nos concentramos nos anjos e bons espíritos somos envolvidos por sua luz maravilhosa, branca e dourada. São as "auréolas" mostradas nos quadros dos grandes artistas ao retratarem santos, anjos e Jesus Cristo.

Ter luz ou escuridão ao nosso redor depende apenas de nossos pensamentos e de nossa vontade.

É quando entra literalmente em ação a antiga frase: "Não façais aos outros o que não quereis que vos façam".

A característica mais importante das visitas noturnas dos anjos é que, mesmo que você acredite ter se tratado apenas de um sonho, jamais o esquecerá. Irá se lembrar de todos os detalhes como se estivesse acordado, vivenciando uma experiência real. Podem se passar décadas, mas os detalhes nunca sairão de sua mente. Cada imagem, palavra ou mensagem ficará guardada para sempre. ❦

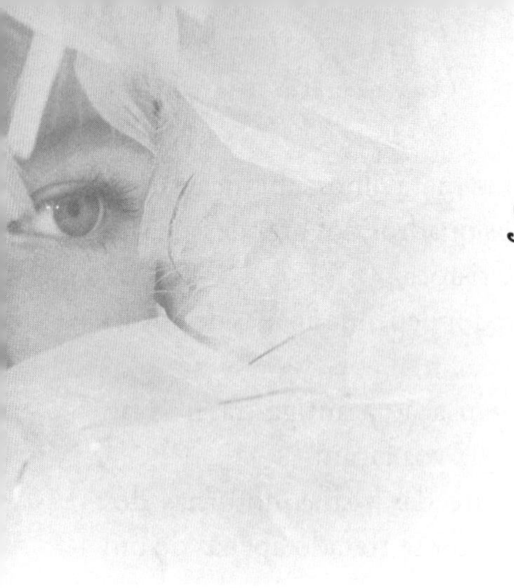

A praia ensolarada na Argélia

Hair Factory é um grande salão de moda e beleza daqueles típicos do interior, que parece ter saído de uma cena do filme *Steel magnolias* [Flores de aço]. Fica em uma galeria na área mais fina de Houston. Os estilistas, manicures e até engraxates que ali trabalham parecem mais membros de uma grande família do que colegas. Trabalham juntos há pelo menos 15 anos e organizam todos os casamentos, formaturas, chás de bebê e funerais das famílias uns dos outros. Sua relação diária é tão próxima que acho até natural quando Vicki, que trabalha com eles, me conta que sonhou com alguém do grupo.

Uma das estilistas que trabalha com ela no Hair Factory se chama Alice. Sua filha, Bernadette, também trabalhou com eles como manicure até recentemente, quando decidiu mudar sua vida profissional e arrumou emprego em uma grande corporação de Houston. Vicki a ama muito, se preocupa com ela e lhe dá muito apoio.

Em 3 de junho de 2001, Vicki estava lendo na cama antes de dormir e de repente teve uma experiência de visão remota (decidi incluir a história neste capítulo porque, para muitas pessoas, esse tipo de incidente ainda é associado ao "estado de sonho").

Visão remota é a ativação de nossas habilidades "psíquicas", mais especificamente a que nos permite "estar" em dois lugares ao mesmo tempo. As agências militares e de inteligência dos Estados Unidos utilizam pessoal que treina e aperfeiçoa esse tipo de atividade cerebral a tal nível que lhes é possível, literalmente, "visitar" escritórios militares secretos de outros países, ler documentos e reproduzir as informações obtidas. Esses funcionários conseguem ouvir conversas, ver quem são os participantes de reuniões e ajudar a polícia e o FBI em investigações e na localização de criminosos e assassinos. A Visão Remota não é um fenômeno raro ou anormal. É simplesmente uma função de cérebros humanos altamente desenvolvidos.

Nas gerações humanas futuras, "visitar" amigos e parentes utilizando o poder da mente não será algo tão absurdo.

Vicki se viu transportada para uma praia na Argélia sem ter a menor idéia do motivo de ter ido parar lá. Não se lembrava de conhecer alguém naquele país, pelo menos não naquele momento.

Enquanto caminhava pela praia percebeu que estava usando o robe que tinha vestido sobre a camisola para ir se deitar. Chegou então a uma espécie de loja de conveniência e viu o namorado de Bernadette, Salim, que morava na Argélia! Sim, conhecia alguém daquele país.

O rapaz estava entrando na loja com dois amigos. O lugar era bem pequeno, com poucas prateleiras, mas havia uma máquina de refrigerantes, vários tipos de doces, cigarros, enlatados, produtos de limpeza, revistas e jornais, bem parecido com os que se vêem nos Estados Unidos.

Salim foi ao balcão e pediu dois maços de cigarros enquanto os amigos compravam latas de refrigerantes e de bebida gelada.

Levaram tudo até uma espécie de rochedo ali perto e sentaram-se para apreciar o pôr-do-sol.

– Salim, você não quer mesmo conhecer a amiga de minha irmã?

– Não, obrigado – respondeu ele, acendendo um cigarro.

– Ela é uma garota muito interessante e você está sempre sozinho. Seria divertido ter você em nossa turma quando preparamos jantares juntos ou vamos à praia.

– Quantas vezes vou ter que dizer que estou apaixonado por uma garota americana?

– Sei, aquela tal de Bernardette...

– Sim – disse ele, olhando para o outro lado, impaciente.

– Não sei se ela gosta mesmo de você. Está nos Estados Unidos e você está aqui. Por que não estão juntos?

Salim se virou novamente para ele, com tristeza nos olhos.

– É difícil para mim falar sobre isso. Amo muito Bernadette, mas também não posso deixar Mimi.

– Mimi?

– Sim, ela tem apenas três anos e precisa muito de mim.

Vicki não acreditava no que estava ouvindo. "Salim tem uma filha?"

Ao pensar nisso, sentiu-se puxada de volta para sua cama em Houston na velocidade de um raio. Parecia uma daquelas cenas de filmes em que o ator aparece pequenino e longe da câmera e em um segundo está bem diante dela. Vicki estava totalmente desperta. Não tinha dormido. Ainda nem tinha tirado o robe para deitar.

Na manhã seguinte perguntou a Alice:

– Onde está Salim?

– Está na Argélia.

Vicki sentiu um arrepio.

– Veja, não tenho a intenção de me intrometer, mas tenho que lhe contar uma coisa que aconteceu comigo ontem à noite.

– Já sei. Você teve outra daquelas visões remotas – respondeu Alice.

– Sim, foi isso mesmo.

Mas vendo que Vicki evitava encará-la diretamente, pressionou.

– Você viu Salim?

– Sim, vi – e contou sobre a praia e os amigos sentados na rocha. Mas não terminou a história.

– Não estou gostando disso, Vicki. Ele está com outra?

– Não, não foi isso. Ele mencionou uma menina de três anos de idade chamada Mimi. Por acaso ele tem uma filha e Bernadette não sabe?

– Não faço idéia – respondeu Alice, preocupada.

– Será que ela poderia telefonar para Salim e perguntar onde ele esteve ontem à noite? Conte a ela o que vi. Gostaria de saber se não estou enganada.

– Vou falar com ela agora – disse pegando o telefone.

Naquela noite, quando Bernadette telefonou para Salim no horário em que costumavam se falar, perguntou onde ele tinha estado na noite anterior.

– Fui à praia com dois amigos.

– E o que vocês fizeram?

– Compramos cigarros e algumas bebidas e fiquei conversando com Hassim. Falamos de você. Mas por que a pergunta?

– Salim, sei que vai parecer um tanto estranho, mas uma amiga de minha mãe, a Vicki, diz que teve uma visão remota de você e seus amigos ontem na praia. E que você mencionou certa Mimi. Tenho de perguntar, Salim. Essa Mimi é sua filha?

Ele riu, surpreso com o que ouvia. E respondeu:

– Mimi é minha sobrinha.

– Sobrinha – respondeu Bernadette, aliviada.

– Sim. Tem três anos, cabelos loiros e olhos verdes. É uma menina muito bonita e que me adora. Sinto muita falta dela quando estou longe. Um dia, gostaria de ter... bem – sua voz estava embargada. – Bernadette, eu conheci Vicki quando estive no salão, não conheci?

– Sim, conheceu.

– Meu Deus! Eu sonhei com ela ontem à noite. Ela usava um robe branco e longo e eu perguntei o que estava fazendo aqui. Ela respondeu que só veio saber se eu estava bem.

Espantada, Bernadette respondeu:

– Vicki disse à minha mãe que estava usando um robe longo enquanto caminhava pela praia. Era o que tinha vestido antes de ir dormir.

– E ela ouviu minha conversa?

– Sim.

– Então você deve saber quanto eu a amo e que morro de saudades – disse ele.

– Sim, eu sei... agora mais do que nunca.

Os dois se despediram. Bernardette telefonou para Vicki e pediu que contasse com detalhes tudo o que tinha visto.

Quando Vicki me contou essa história, ainda estava impressionada com a precisão dos fatos e com essa sua estranha habilidade. Disse que isso estava acontecendo com cada vez mais freqüência e, que se fosse se tornar algo freqüente em sua "rotina diária", tinha de se preparar.

– Preparar? – perguntei. – Mas como?

– Comprando roupas melhores, é claro! Não posso ficar indo a praias na Argélia vestida com trapos velhos! ❦

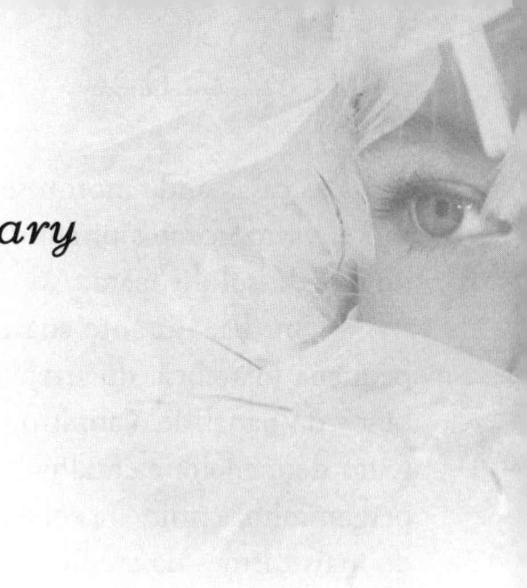

Revelações em Calgary

Até sob a visão dos anjos, Calgary, no Canadá, sempre será um paraíso de esqui para os apaixonados. Belas florestas de pinheiros verdes cobrem as montanhas e do alto delas pode-se ver os virginais lagos glaciais e as belas casas dos vales. A visão daquelas montanhas rochosas cobertas de neve sob o céu azul cristalino nos lembra de nossa minúscula presença no universo. E o tempo, que ali parece ter parado, nos faz refletir sobre o sentido de nossa existência.

Há algo em lugares como esses, onde já houve grandes cataclismos, que lhes confere uma aura espiritual, de outros mundos. Talvez o fato de aquelas montanhas rochosas terem se formado a partir de súbitas quebras nas placas terrestres e terremotos durante a era glacial, congelando mastodontes e homens em um piscar de olhos, seja responsável por essa atmosfera surreal.

Foi em Calgary que minha amiga Vicki se encontrou frente a frente com uma de suas vidas passadas.

Seu marido Jim tinha ido para lá a trabalho, pois encontraria clientes, e ela aproveitou para acompanhá-lo e fazer uma viagem de férias. Enquanto ele ia para as reuniões durante o dia, ela saía para fotografar aqueles maravilhosos cenários e passear pelas lojas e galerias de arte.

Desde a infância Vicki sempre foi fascinada por tudo o que se refere ao Egito. Seu sonho é visitar as pirâmides. A decoração de todas as casas onde morou sempre teve muitos detalhes em mármore, vidro, formas piramidais e as cores douradas e amareladas do pôr-do-sol do Saara.

Um dia, durante sua estada em Calgary, encontrou uma pequena loja cheia de artefatos egípcios. Quando olhou aqueles pesos de papel de alabastro, réplicas das barcas antigas do Nilo feitas de madeira e entalhadas à mão, bustos de faraós e rolos de pergaminho, a primeira coisa que lhe veio à mente era que precisava de mais cartões de crédito. Tinha encontrado todos os presentes de Natal para aquele ano.

Encheu uma cesta de produtos e pediu ao homem atrás do balcão que lhe arrumasse mais uma.

O homem de pele morena ficou olhando para ela, parado, sem dizer uma palavra.

– Você não tem outra cesta? – ela perguntou.

Ele continuou olhando para ela, como se tivesse visto um fantasma.

Supondo que ele não falasse inglês, ela propôs uma solução:

– Sem problemas. Vamos esvaziar esta cesta, eu pago pelo que está nela e continuo a pegar mais coisas. Podemos fazer assim?

Ele finalmente pareceu sair de seu transe.

– Sim, sim, minha senhora. Tudo o que quiser! – Pegou outra cesta atrás do balcão e entregou a ela.

Muito perspicaz, Vicki percebeu que ele discretamente apertou um botão de alarme silencioso enquanto pegava a cesta. Mas o que ela havia feito de errado? Será que ele tinha chamado a polícia? Ou precisava da ajuda de alguém?

Olhou em volta. Estava sozinha na loja. Sentiu então um arrepio na nuca. Algo estava errado, mas o quê?

O homem parecia trêmulo e mal conseguia empacotar as coisas que ela havia separado. Curiosa, mais do que com medo, balançou a cabeça e continuou a andar pela loja.

Olhou para ele enquanto passava por trás de uma prateleira com sinos de carrilhão e réplicas de deuses egípcios e viu que ainda a olhava com o mesmo ar de espanto.

Irritada, já estava quase indo ao balcão perguntar a ele o que estava fazendo de errado para ser observada daquela maneira quando a porta se abriu e outro egípcio entrou, andando apressado até o balcão.

– Onde está ela? – Vicki ouviu o homem perguntar.

O que estava atrás do balcão apontou em sua direção.

Quando se virou, o segundo homem fez a mesma expressão de espanto do outro. Colocou as mãos nos lados do rosto e sorriu.

"Não estou entendendo. O que está acontecendo aqui?", Vicki pensou.

O segundo homem foi então em direção a ela. O primeiro saiu de trás do balcão e o seguiu.

– Minha senhora, voltaste para nós!

– Voltaste...?

– Esperamos há tanto tempo o seu retorno! – ele disse, com emoção na voz.

– Deve haver algum engano. É a primeira vez que venho a Calgary – Vicki respondeu.

– Meu nome é Gamal. E este é meu irmão, Hassim – o segundo homem disse.

Vendo que a expressão de espanto dos dois tinha se transformado em simpatia, sorriu e perguntou:

– Eu conheço vocês?

– Gostaríamos muito que nos reconhecesse – disse Gamal.

– Provavelmente não vai se lembrar – lamentou Hassim.

– Não estou entendendo. Se nunca estive aqui e nunca nos encontramos, como vocês me conhecem?

Os irmãos se entreolharam, sorrindo. Pareciam maravilhados com a situação. Olharam novamente para ela, agora com ar sério.

– A senhora não sente algo diferente?

– Diferente como?

– Esta loja, estar aqui conosco. Não sente como se fosse algo familiar?

– Adorei a loja. Vocês têm artigos lindos...

– Artigos que a senhora gosta muito? – interrompeu Gamal.

– Sim, muito. Sempre fui fascinada pelo Egito.

– Sempre – Hassim olhou para o irmão, sorrindo, e novamente para ela, como se estivesse satisfeito com a resposta.

Vicki estava começando a ficar impaciente com a situação.

– Sim, parece que vocês gostaram do que eu disse. Mas eu ainda não entendi o que está acontecendo. Por favor, agora me expliquem. Por que estão dizendo que eu voltei para vocês?

– Exatamente isso – disse Gamal, colocando a mão no braço dela. – Olhe ao seu redor.

Vicki olhou para a loja.

Viu então um quadro em uma das paredes em que não tinha reparado. Era um retrato seu.

Seu sangue gelou. Foi como se o tempo parasse e então retrocedesse.

Sentiu como se o resto do mundo tivesse desaparecido e ela estivesse sozinha no universo, olhando para o quadro. Aqueles olhos negros no rosto expressivo, emoldurados cabelos ondulados, eram exatamente iguais aos seus.

A mulher no retrato usava um grande colar de ouro, esmeraldas, rubis, turquesas e ônix. Suas mãos estavam cruzadas sobre o peito, segurando um cetro e uma cruz *ansata*[4]. E na cabeça tinha um toucado de rainha.

---

4. Cruz *ansata* ou *Ankh*: Um símbolo egípcio da vida eterna. Era usada para indicar a vida após a morte. (Nota do Tradutor)

Não era muito jovem, pois tinha mechas de cabelos brancos. Já os de Vicki eram louro-platinado de nascença. Mas a estrutura do rosto e todos os outros detalhes, inclusive a segurança e firmeza do olhar, eram os mesmos. Era o mesmo rosto que Vicki via no espelho todos os dias.

– Não pode ser – disse ela.

– Sim, é a senhora – respondeu Gamal.

– Quem é ela?

– Nefiri – responderam os dois. – Nossa rainha, nossa deusa. E ela vive!

– Não. Sou apenas Vicki, de Houston. Não sou rainha.

– É, sim. No momento a senhora está em choque, mas com o tempo irá entender seu destino e por que encarnou novamente. Tudo lhe será revelado. Meu irmão e eu nos sentimos honrados com sua presença e esperamos que tenha tido em nossa loja essa divina consciência.

– Mas eu só queria alguns presentes de Natal para minha família e amigos – respondeu ela, emocionada.

– Temos um presente para a senhora – disse Hassim, correndo até um canto da loja e pegando uma pirâmide de cristal lapidado. Entregou-a a Vicki com reverência.

– Não posso aceitar. É uma peça muito cara – ela disse.

– Deve levá-la como lembrança desse momento. – Gamal sorriu. – Logo em breve a senhora receberá outro sinal que a fará lembrar-se de nós... e de seu passado. Terá então total consciência de sua missão e de seus verdadeiros objetivos.

– Nem sei como agradecer – respondeu Vicki, sorrindo.

– Que tal com um abraço? – perguntou Hassim.

Os três riram e ela os abraçou.

Então terminou as compras e, enquanto Gamal registrava e embrulhava os presentes, ela foi observar o quadro para gravar na mente todos os seus detalhes.

Ao sair da loja sentiu uma força divina invadir todo o seu ser. Se tinha qualquer dúvida quanto à existência de vidas passadas, a dúvida terminava ali.

Como os cristais de um caleidoscópio, as questões sem resposta em sua vida começavam finalmente a se encaixar e a ficar mais claras, formando um grande quadro. Os sonhos que sempre tivera com o Egito agora faziam todo sentido.

Enquanto se afastava da loja, outra pergunta lhe veio à mente:

"Quanto tempo falta agora para que eu descubra minha verdadeira missão de vida?" ❦

(continua em "Pirâmides")

Pirâmides

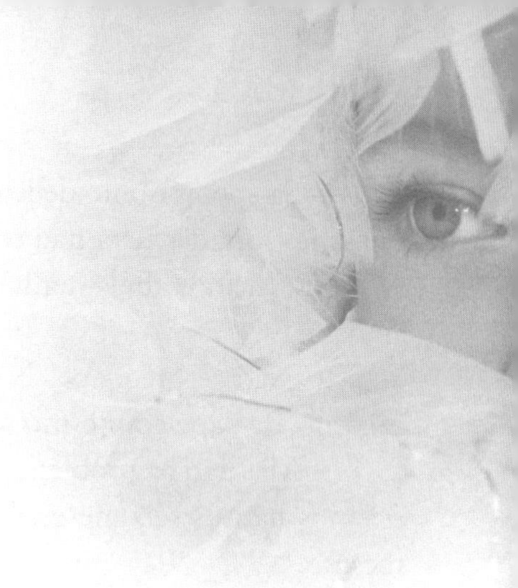

Não há pirâmides antigas em Los Angeles. E a última coisa que minha amiga Vicki esperava encontrar enquanto acompanhava a irmã Pat a uma convenção anual era algum tipo de ligação com o Egito ou com a extraordinária experiência que tinha vivido em Calgary, no Canadá, dois anos antes.

Na verdade, aquele fim de semana inteiro foi uma grande seqüência de desastres. O marido de Pat estava doente, sua mãe tinha acabado de sair do hospital após sofrer um ataque do coração e sua filha, Ângela, também estava com problemas de saúde. O tempo também não estava ajudando. Até o aeroporto teve de ser fechado e as duas não tinham como voltar a Houston. Ficaram presas em Los Angeles, longe da família e sem ter muito que fazer.

Enquanto Pat foi para a convenção, Vicki ficou no hotel fazendo ligações para Houston para verificar se todos estavam bem. Depois resolveu sair para fazer algumas compras antes de encontrar Pat para o almoço. Mas como estava preocupada com a família em casa, não conseguiu se concentrar muito nas compras. Encontrou uma loja de artesanato local com presentes interessantes. Mas nada chamou muito sua atenção, apenas algumas pirâmides de turquesa, alabastro e cristal.

Comprou seis, de tamanhos e cores diferentes e ficou conversando com a vendedora enquanto ela fazia os pacotes.

– São peças muito delicadas – disse a moça. – Vou colocar em caixinhas forradas para não se quebrarem em sua viagem de volta ao Texas. Melhor ainda, tenho um saco de veludo, que irá proteger ainda mais.

– Não se preocupe. Não são presentes tão especiais. Uma caixinha de papelão mesmo serve.

– Mas não há problema. Os saquinhos são de um evento que tivemos há uns seis meses. Estavam guardados para embalagens mesmo.

– Agradeço, então. Os presentes vão ficar ainda mais bonitos.

– O saquinho tem o logotipo da loja. Assim você não vai se esquecer de nós – brincou.

Vicki sentiu uma espécie de arrepio. Já tinha ouvido uma frase assim antes, mas onde? Não se lembrou da loja em Calgary. Mas como era uma frase relativamente comum no comércio ignorou o assunto, pagou pelos presentes, pegou o pacote e foi embora.

Encontrou Pat na hora do almoço e, pela milésima vez, telefonou para Houston para verificar se estavam todos bem.

Preocupada em voltar rápido para casa, Vicki disse a Pat que talvez fosse melhor alugar um carro e ir dirigindo até San Jose ou San Francisco e de lá pegar um avião para Houston. Pat concordou. Telefonaram então para o aeroporto de San Francisco para verificar o próximo horário, mas foram informadas de que o próximo vôo seria somente na manhã do dia seguinte. Parecia que todas as circunstâncias as forçavam mesmo a ficar em Los Angeles.

Vicki não conseguiu dormir naquela noite, preocupada. Somente ao raiar do dia pegou no sono. A última coisa em que pensou enquanto adormecia foi no pacote de pirâmides que estava sobre sua mala, já pronta. Fez uma prece por seu marido, Jim, e dormiu.

Às cinco da manhã o celular tocou. Vicki deu um pulo na cama, certa de que algo muito ruim tinha acontecido. "Minha mãe? Ângela? Quem poderia ser?"

– Vicki?

– Sim, Jim. O que aconteceu? Alguém piorou?

– Não, está tudo bem. Você... ainda está em Los Angeles? – perguntou ele.

– Claro que sim.

– Mas como? – respondeu Jim, com voz estranha.

– Não conseguimos um vôo de volta, Jim. Mas eu lhe disse isso ontem.

– Eu sei, eu sei – disse ele, um pouco mais calmo.

– Jim, o que está acontecendo? Está tudo bem? Você está estranho!

– Vicki, eu tenho de perguntar. Como você pode estar em dois lugares ao mesmo tempo?

Ela ficou confusa.

– Como assim? Não estou entendendo.

Então ele suspirou e disse:

– Eu vi você ontem à noite, em pé, ao lado de nossa cama. E segurava um pacote com pirâmides. Você me acordou, eu perguntei o que estava fazendo ali e a resposta foi: "queria ver se estava tudo bem".

– Um pacote com pirâmides? – perguntou Vicki, hesitante.

– Sim.

– Jim, eu comprei alguns pesos de papel em forma de pirâmide para dar de presente. Estão em um saco de veludo – disse, olhando para o pacote.

– Era mesmo um saco de veludo preto. Agora me lembro – ele respondeu.

– Que estranho. Como você podia saber? Deve ter sido um sonho, Jim.

– Não, não foi. Tenho certeza, Vicki. Foi muito real. Você tocou minha mão e eu senti sua pele. Olhei depois para o relógio e eram três da manhã aqui e uma da manhã aí em Los Angeles.

– Não consigo acreditar que isso aconteceu – disse ela, suspirando e colocando a mão na testa.

– Não sei como você fez isso, querida, mas fez.

– Como assim?

– Você estava em dois lugares ao mesmo tempo.

– Estava rezando por você àquela hora, Jim. E pela família toda.

– Juro, Vicki, não vou mais duvidar de seus poderes. Liguei... liguei só para dizer isso.

– Agora, depois de 20 anos de casamento, você vem me dizer isso?

– É sério. Não vou mais duvidar. Depois daquele incidente em Calgary... comecei a ver as coisas de maneira diferente. E só sei que a amo muito.

– Também amo você, Jim – ela respondeu.

– Vou buscá-la no aeroporto. Até lá.

Naquele momento Vicki se lembrou de tudo o que aconteceu na loja em Calgary.

– Gamal disse mesmo que eu teria mais sinais de minha missão de vida.

Enquanto voava para Houston, Vicki fez uma oração pela saúde de todos em sua família. E sentiu-se bem melhor. Algo lhe dizia que todos estavam bem e que tudo iria dar certo.

Quando chegou, Jim a esperava de braços abertos. E disse que todos tiveram uma melhora súbita, inclusive sua mãe.

A missão espiritual de Vicki, que ela jamais imaginava ter, estava se cumprindo: amar e curar sua família e amigos por meio das preces e com a força de Deus. É a missão mais nobre que alguém pode ter. ❦

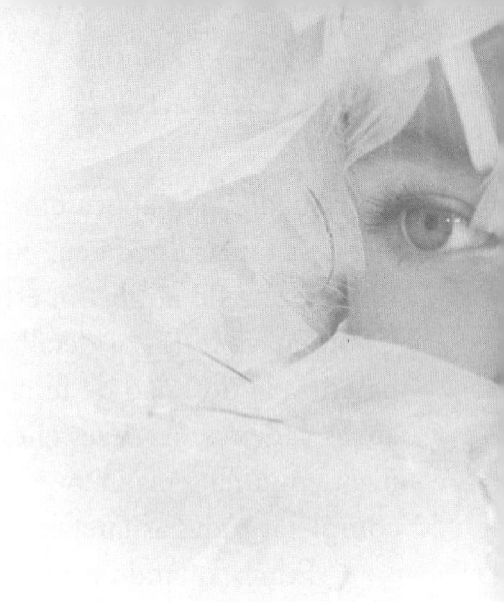

As rosas

Minha irmã, Nancy, é uma das pessoas mais agitadas que conheço. Consegue lidar simultaneamente com situações diferentes, crises, decisões comerciais e "ajustes de horário" como ninguém. Mamãe diz que as baterias dela se parecem com as do coelhinho na propaganda de pilhas: não acabam nunca.

Há 12 anos Nancy inventou uma linha de geléias deliciosas, que chamou de Nanny Jams. O produto era fabuloso, mas as vendas não deram certo. Motivo: falta de pessoal (ela mesma fazia a geléia), falta de gerentes (ela mesma controlava os livros-caixa) e de vendedores (adivinha quem fazia as vendas?). Resultado: teve de redirecionar seu negócio de venda de geléias para cestas corporativas em que pudesse colocá-las.

Abriu então uma loja de presentes chamada Celebrations to Go. Mas também não deu muito certo e ela teve que redirecionar mais uma vez seus negócios. Montou uma loja de artigos para noivas e utilidades domésticas. Alguns anos depois fez um curso sobre balões ornamentais na escola Balloon Art School e começou a vender peças dignas de artistas venezianos. Noivas começaram a encomendar os balões para suas festas de casamento, mas também queriam arranjos de flores para completar. Nancy fez então um curso de arranjos florais.

Especializou-se também no assunto e acabou comprando um refrigerador especial para conservar as rosas que importava do Equador. Na época em que escrevi este livro, ela tinha uma empresa especializada em enfeites de festas de casamento (só não tinha montado ainda um estúdio de corte e costura de vestidos!). Coordenava todos os detalhes, desde as flores na igreja, os balões na entrada do salão de festa, a decoração das mesas, as toalhas e até as cadeiras. Às vezes chegava a ter sete casamentos para organizar em uma semana. Sua equipe de cinco pessoas mal conseguia completar todas as tarefas.

Então, quando minha mãe me telefonou para contar sobre um sonho que Nancy havia tido, fiquei surpresa.

– Mas ela dorme? Desde quando tem tempo para isso? – brinquei.

Após muito trabalho e diversas reuniões, Nancy tinha acabado de fechar um contrato para o maior e mais caro casamento do ano em sua lista. Estava muito feliz com aquela conquista. Sabia que todos os detalhes teriam que ser perfeitos. Três semanas antes do casamento consultou a noiva sobre o tipo de buquê que usaria, os detalhes de sua preferência quanto aos arranjos nos centros das mesas e tipos de flores que desejava ter na igreja. Fez então um pedido de rosas especiais em um tom rosa bem claro diretamente do Equador. A importadora garantiu que havia total disponibilidade daquele tipo e cor e que, mesmo sendo um pedido de quantidade acima do normal, poderia trazer a carga em tempo.

Nancy ficou aliviada.

Quando falei com ela uma semana antes do casamento, estava muito animada com todos os detalhes e surpresas que tinha preparado para a noiva. Planejava unir a elegância das rosas de tom creme e de tom rosado aos copos-de-leite para criar uma atmosfera romântica e charmosa.

Na quinta-feira de manhã, dois dias antes do grande casamento, Nancy acordou desesperada com um sonho que teve. A importadora lhe telefonava para informar que o carregamento de dúzias e mais dúzias de rosas em tom *gritante* tinha chegado. Ela se via na igreja sob uma chuva de rosas da cor errada. A noiva estava em lágrimas e a mãe gritava, enraivecida. Era o fim de sua empresa.

– Não pode ser! Minha encomenda foi específica: um tom de rosa muito claro e suave. Se for rosa-choque vai estragar tudo!

Eram seis da manhã mas ela voou da cama.

– Dave, acorde! – sacudiu o marido.

– Qual o problema? – ele resmungou.

– Tenho de ir agora para Chicago.

– Por quê?

Nancy procurou às pressas um par de jeans, prendeu os cabelos com uma tiara, correu para o banheiro para escovar os dentes e já levou junto a bolsa.

– Tenho de falar com a importadora. Houve um erro em meu pedido de rosas para o casamento de sábado.

– Erro? – perguntou ele, esfregando os olhos. – Mas que tipo de erro?

– Ele está trazendo rosas em tom muito vivo. E eu preciso de rosas claras.

– Mas qual a diferença? – disse ele, sentando-se na cama.

– Não pergunte, Dave – respondeu Nancy, correndo de um lado para o outro e pegando as coisas.

– Não se preocupe. Ninguém vai notar.

– Ah, vai sim, acredite.

Calçou então os sapatos, correu para a porta e voltou, também correndo, para lhe dar um beijo.

– Tchau. Devo voltar no final da tarde.

– Mas você vai sair assim, sem comer ou tomar banho?

– Não dá tempo.

– Você nunca saiu desse jeito.

– É uma emergência.

Só então Dave acordou totalmente, pulou da cama e perguntou.

– Ei, Nan. Como você sabe que houve um erro no carregamento? A que horas eles telefonaram?

– Não telefonaram.

– Então como você sabe?

– Eu tive um sonho.

– Sim, claro – respondeu Dave, voltando para a cama. – Até mais tarde.

Nancy entrou no carro e saiu pela rua. Como ainda era cedo quase não havia carros circulando, portanto a viagem até Chicago levaria cerca de uma hora. Mas pode levar até duas quando é necessário atravessar a cidade. Por sorte, não era o caso. A empresa ficava no centro.

Chegou ao escritório da transportadora às sete e meia, quando tinham acabado de abrir as portas.

– Preciso falar com a supervisora de vendas – disse ela, apressada.

– Você está com sorte. Ela acabou de chegar para organizar algumas coisas mas deve sair daqui a pouco porque entra em férias hoje.

Nancy entrou e consegui falar com Anna, a mulher que havia feito sua encomenda.

– Nan, o que você está fazendo aqui? – perguntou Anna.

– Creio que há algum problema com meu pedido de rosas para amanhã. Preciso que você verifique. – Pegou então no bolso um pedaço de tecido do vestido da noiva e disse: – As rosas têm de ser desta cor.

Anna pesquisou em seus arquivos e encontrou o pedido.

– Realmente, é de rosas num tom bem forte, rosa-choque.

– Não acredito – disse Nancy, com voz trêmula. –Exatamente como em meu sonho.

– Sonho?

Nancy respirou fundo, pois ainda estava tremendo:

– Tive um sonho esta madrugada com este pedido de rosas de cor forte. E o pedido de minha cliente foi muito específico; por isso encomendei um tom bem claro. É o maior pedido que já fiz a vocês. Tem de ser corrigido rápido.

– Com certeza. Mas não entendo como fui me enganar desse jeito. Isso nunca aconteceu.

Verificou então os tons de rosas que tinha em seu computador e descobriu o erro.

– Rosas em tom róseo-claro têm em meu sistema o nome de Rosas do Paraíso. E as de cor rosa-choque chamam-se Rosas da Paixão. Mas estão logo em seguida uma da outra na lista. Alguém deve ter se confundido na hora de selecionar a linha correta. Eu mesma posso ter cometido o erro.

– Ainda bem que descobrimos em tempo – disse Nancy.

Mas foi a vez de Anna ficar preocupada.

– Você disse que sonhou com esse erro?

– Sim.

– E veio dirigindo de Indiana até aqui às seis da manhã por causa de um sonho?

– Sim.

Anna balançou a cabeça.

– Uau, que anjo você tem!

– Sim, foi muita sorte.

– Eu diria que foi uma bênção – respondeu Anna, olhando novamente para o computador. Corrigiu o erro no pedido e se certificou de que o pedido de Nancy chegaria a tempo e na cor exata.

– Muito obrigada, Anna. Você não tem idéia do alívio que estou sentindo – disse ela, apertando sua mão.

– Nan, só mais uma coisa.

– Sim.

– Você sabe onde posso arrumar um desses anjos como o seu? – perguntou Anna, sorrindo.

– Claro.

– Onde?

– Primeiro, acredite. Depois, preste atenção.

Esta história aconteceu em La Porte, Indiana, em 30 de maio de 2001. ❦

O sonho de Dorothy

Nota da Autora: Minha mãe, Dorothy Lanigan, me contou esta história em 7 de junho de 2001.

Meu sobrinho Ben terminou o curso de ensino médio em junho de 2001. Para comemorar, minha irmã Nancy e o marido Dave decidiram fazer uma festa em família no sábado seguinte.

Ben sempre foi um orgulho para nossa família, e o fato de ter concluído aquela etapa de seus estudos, para nós, foi um grande acontecimento. Além disso, participava de esportes como corrida e luta e ajudou a escola a se destacar em competições por todo o Estado. Toda semana havia uma competição e ele sempre vencia. Ficávamos cada vez mais orgulhosos dele.

Quando o campeonato estava em nível regional, me lembro que ficamos um fim de semana inteiro esperando minha mãe nos telefonar para dizer que Ben havia vencido. Na semana seguinte a competição seria estadual, mas as coisas não deram tão certo. A equipe de La Porte foi desclassificada. Nenhum dos alunos ou equipes conseguiu vencer. Nancy dizia que a "Lei de Murphy" estava fazendo horas extras contra eles.

A tristeza de Ben era visível. E para tentar animá-lo, Nancy queria que aquela festa para comemorar a formatura fosse muito especial.

Convocou todos, Ben, Elaine e Sam para mudar a mobília da sala de estar e de jantar de lugar. Queria que todos os convidados tivessem onde se sentar durante o jantar. Cobriu as mesas com toalhas de linho branco e colocou sobre elas faixas de seda laranja e pretas (as cores do colégio La Porte High School). Espalhou também velas douradas e vasos de vidro fosco com rosas cor de laranja. Enfeitou o jardim com balões cor de laranja e pretos e cestas de flores.

A sogra de Nancy, Dureen, faz uma torta deliciosa que ninguém consegue fazer igual. Seus pais tinham uma padaria e toda manhã ela tinha que assar uma dúzia de tortas antes de ir para a escola. Foi um treinamento duro mas inigualável. Hoje, com quase 80 anos, ela ainda faz a mesma massa com toda facilidade e sem errar, e aperfeiçoou a receita. Eu mesma, sempre que posso, vou a Indiana comer dessas tortas. Dureen trouxe seis para a festa: três de morango e três de uva. Ben assou dois tênderes, pernil com mel e carne de porco. Minha mãe contribuiu com o aspargo marinado.

No centro de La Porte, perto do Palácio da Justiça construído em 1893, há a feira dos fazendeiros todo sábado de manhã. Mamãe adora fazer compras ali, pois encontra os legumes e verduras mais frescos trazidos diretamente da horta.

Todo sábado ela se levanta às seis da manhã, pega seu velho carro Lincoln e vai até à feira escolher os melhores produtos. É uma cliente tão antiga que já conhece todos os sitiantes e fazendeiros que vendem ali. Fica um bom tempo conversando com todos e pergunta sobre suas famílias e filhos enquanto faz as compras. Tem até o número de telefone da maioria deles. Alguns conhecem minha mãe há décadas. Lembro-me também que meu pai ia fazer compras conosco quando eu era criança.

Na noite de 6 de junho, quando Nancy sonhou com o problema das rosas (veja a história anterior, "As rosas"), mamãe teve um sonho premonitório.

Estava na feira dos fazendeiros e sua amiga, a senhora Burek, lhe avisava que não havia aspargos naquele dia.

– Mas é o prato predileto de Ben! E hoje é o jantar de comemoração de sua formatura. Preciso encontrar aspargos!

– Lamento, senhora Lanigan, mas as chuvas foram muito intensas nessa primavera e a colheita de aspargos foi pequena. Não tínhamos sequer o que colher essa semana.

Mamãe acordou sobressaltada. Sentou-se na cama e pensou:

– Nossa, foi tão real! Parecia que estava mesmo acontecendo.

Levantou-se, fez café e pegou na agenda o número da senhora Burek. Era cedo, mas sabia que ela já estaria acordada. Telefonou.

– Senhora Burek, bom dia. É Dot Lanigan quem fala.

– Olá, como vai? – respondeu ela.

– Bem, obrigada. Estou telefonando para saber se vocês vão levar aspargos para a feira no sábado.

– Lamento, mas não vamos. A colheita foi muito ruim esse ano. Tenho um pouco hoje, mas nem sei se vai durar até amanhã, Dot.

Mamãe sentiu um arrepio.

– Meu sonho foi verdadeiro!

– Sonho?

– Acredite, sonhei que vocês estavam sem aspargos. E o de vocês é o melhor da feira. Vou dar uma festa nesse sábado para comemorar a formatura de Ben e prometi a ele que faria seu prato predileto com aspargos.

– E o sonho mostrou que eu teria aspargos hoje?

– Não, mas me deu a idéia. Vou passar em sua casa e pegar um pouco.

– De quanto você precisa?

– Teremos umas 25 pessoas na festa.

– Puxa, tenho a quantidade certa! – disse a senhora Burek, impressionada.

– Vou me vestir agora e devo chegar em mais ou menos uma hora. Por favor, não venda a outra pessoa.

– Dorothy Lanigan! Até parece que eu faria algo assim. Além disso, foram os anjos que lhe avisaram que os aspargos estariam disponíveis para o seu neto.

– Parece que sim.

– Nunca imaginei que veria esse dia – disse a senhora Burek.

– Que dia? – perguntou mamãe.

– O dia em que os aspargos foram encomendados por mensagens dos céus – respondeu ela.

– Mas não dizem que tudo o que temos na Terra veio dos céus? – disse mamãe.

– Com certeza, Dot. E hoje tenho ainda mais certeza disto.

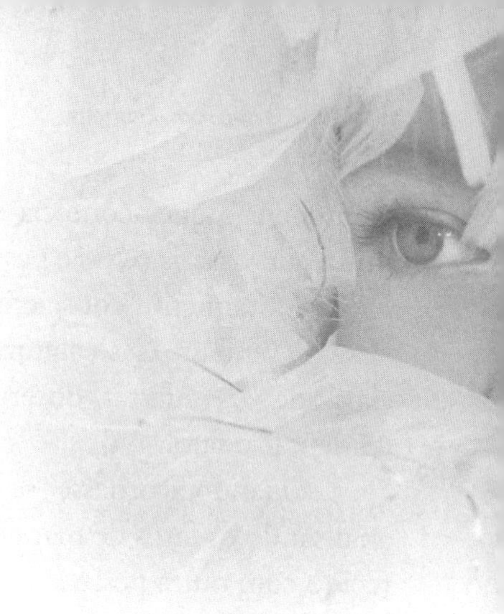

Sally nas areias

Para aqueles que não conhecem o processo de regressão a vidas passadas e procura explicações claras a respeito, recomendo o livro de Raymond A. Moody Jr, *Coming back: A psychiatrist explores past-life journeys* [O retorno: Estudos de um psiquiatra sobre vidas passadas].

Sally tinha 36 anos quando experimentamos juntas o método de relaxamento para fazer sua regressão a uma vida passada. Ela estava se divorciando e queria algumas respostas para um emaranhado de emoções que estava sentindo. Sua vida parecia estar de cabeça para baixo e, segundo ela "isso já vinha ocorrendo havia algum tempo". Mas racionalizar o processo nem sempre é suficiente para resolver os problemas.

Ela queria mais. Sabia que havia coisas mais além do que a vida estava lhe revelando naquele momento.

Deitou-se então no sofá, fechou os olhos e começamos a regressão com as técnicas de relaxamento. Chegamos a comentar:

– Isso é muito fácil. Não pode ser simples assim.

Mas era.

Depois que ela relaxou a cabeça, os ombros, os braços, o torso e as pernas comecei a ler em voz alta as páginas de regressão do livro do doutor Moody. Sally se imaginou flutuando sobre a Terra e voltando a uma de suas vidas passadas que pudesse ajudá-la a entender o que acontecia em sua vida presente. A técnica permitia que visse as cenas e passasse de uma para a outra livremente. Ficaria totalmente consciente para conversar e descrever o que visse ou sentisse. Caso alguma cena fosse muito forte ou chocante ela poderia se afastar, observar sob uma perspectiva impessoal e comentar o fato.

Quando acordasse, se lembraria de tudo o que viu e disse, analisando os fatos de maneira crítica, como se tudo tivesse acontecido com outra pessoa.

– Você se sente flutuando acima da Terra? – perguntei.

– Sim. É muito bonito aqui, sobre as nuvens. Vejo apenas as estrelas pairando acima de mim.

– Agora quero que você olhe novamente para a Terra e comece a descer em direção a ela. Vá descendo, devagar, em seu próprio ritmo, com tranqüilidade. Quando chegar ao chão estará em uma vida passada ligada ao que acontece em sua vida atual. Já chegou?

– Sim – disse ela, movendo os olhos fechados.

– Olhe para seus pés. Que tipo de calçado está usando?

– Nenhum. Estou descalça. Estou correndo na areia. Agora estou parando e vejo um cavalo à minha frente, que não é meu. É de outra pessoa. Sei que é errado roubá-lo. E que irão me matar por esse tipo de crime.

– Você sabe em que lugar está?

– No deserto – respondeu Sally.

– É nos Estados Unidos?

– Não. Nunca ouvi falar da América, apenas da Mesopotâmia. É o local mais longe de que já ouvi falar.

– Onde você mora?

– É isso que estou tentando fazer... voltar para minha casa em Petra.

– Petra? É o nome de sua cidade?

– Sim, Petra – disse ela, embora eu nunca tivesse ouvido falar de uma cidade com este nome.

– Há mais alguma coisa que queira me dizer? – perguntei.

– Meu nome é Mabooka.

– Interessante.

– Estou fugindo de algumas pessoas. Uma delas quer me transformar em escravo.

– Quem é essa pessoa? – eu quis saber.

– Oh, não! – disse Sally ofegante, abrindo os olhos e sentando-se rápido.

– O que aconteceu?

– Eu consegui vê-lo. Era meu marido! – Colocou as mãos no rosto e me olhou, espantada. – Não é para menos que eu quero me divorciar. Casamento para ele é como escravidão!

– Isso explica algumas emoções estranhas que você diz sentir – eu disse.

– Você acha que isso aconteceu mesmo? – perguntou Sally. – Nunca fiz algo assim. E se for apenas um sonho?

– Só há uma maneira de descobrir, que é checar os fatos.

– Que fatos? Não temos nada conclusivo – disse ela.

– Temos sim. Se foi apenas um sonho, não existe uma cidade chamada Petra.

– E como vamos descobrir?

– Simples. Vamos olhar na enciclopédia.

Subimos para meu escritório no andar de cima da casa e eu peguei um dos volumes na estante. A descrição era a seguinte:

"Petra: cidade antiga que ficava no centro do reino árabe durante as eras helenística e romana. Hoje suas ruínas estão na cidade de Ma'na, *muhafazah* na Jordânia. Petra foi construída sobre uma espécie de terraço. As escavações foram feitas do oeste para o leste de Wadi Musa (o Vale de Moisés), um dos locais onde, segundo a tradição, o líder israelense Moisés golpeou uma rocha e a água brotou. O vale é rodeado de penhascos de arenito com manchas vermelhas, roxas e amareladas. Por esse motivo Petra era chamada de 'cidade róseo-avermelhada'.

O nome grego, *Petra* (pedra) veio provavelmente para substituir o nome bíblico *Selá*. A leste da cidade há um grande desfiladeiro chamado de Sik (Wadi as-Sik), de 40 metros de profundidade, que vem dos períodos paleolítico e neolítico. Pouco se sabia da região até o ano 312 a.C., quando os nabateus, uma tribo árabe, ocupou o território e o transformou em capital de seu reino. A cidade prosperou, então, como centro do mercado de especiarias.

Quando os nabateus foram derrotados pelos romanos no ano 106 d.C., Petra se tornou parte da província romana na Arábia mas continuou sendo centro de comércio até que, com as mudanças nas rotas, entrou em declínio. A cidade praticamente desapareceu da história depois da invasão islâmica no século oitavo, sendo redescoberta pelo viajante suíço John Lewis em 1812.

Escavações feitas a partir de 1958 pelo Instituto Britânico de Arqueologia em Jerusalém e pelo Instituto norte-americano de pesquisas orientais revelaram muitas informações a respeito da cidade pré-romana de Petra. Al-Khaznah, um dos diversos monumentos de pedra do local, tem uma fachada imponente e foi construído provavelmente no século II d.C. Mas os monumentos que mais chamam a atenção em Petra são as tumbas, com construções monumentais que hoje são usadas como residências."

Ao ler essas informações, Sally se convenceu de que sua mente conseguiu acessar momentos de seu passado que, de outra maneira, jamais saberia que existiram. Sentia-se pronta para uma segunda regressão.

Dessa vez conseguiu relaxar mais facilmente.

Viu-se novamente flutuando acima do corpo, do quarto, da casa e das nuvens, atingindo o espaço. Começou então a descer e voltar à Terra até sentir novamente os pés na areia.

– Meus pés estão na areia... novamente – disse ela, com os olhos fechados.

– Há alguma coisa diferentes desta vez?

– Sim. Não sou mais Mabooka, mas não consigo me lembrar de quem sou dessa vez. Parece que não tenho nome. Estamos caminhando. Estou descalça mas tenho uma corrente ao redor de meus tornozelos.

– Correntes? Mas para quê?

– Sou um escravo. Os mercadores nos acorrentaram para que não pudéssemos fugir. Que besteira. Por que fugiríamos? Qualquer um sabe que não se pode sobreviver no deserto.

– Isso é verdade – concordei.

– Ah, já entendi porque estamos acorrentados. Há um rio próximo. Não sei que rio é. Ouvi alguém dizer que é o Jordão, mas eu não conheço. Os homens que estão nos puxando estão montados em cavalos e camelos, cuidadosamente arreados. Os animais são mais bem tratados do que nós.

– E o que você sente?

– A areia é muito quente. Se eu tiver que passar por aqui novamente algum dia será com os pés calçados, como os dos negociantes à nossa frente. Eles usam botas estranhas, exóticas. Tenho mais inveja de seus pés calçados do que dos alimentos que comem. Meus pés estão sangrando e cheios de bolhas por causa da areia quente. Tenho muita vontade de colocá-los na água, mas se eu sair da fila eles irão me matar.

– Há algo que você sinta que tem que aprender com essa experiência? – perguntei.

– Sim, que jamais serei escrava novamente. Jamais. É um juramento que faço.

Então, lentamente, trouxe Sally de volta da regressão. Ela flutuou novamente até o espaço e depois desceu lentamente, voltando ao corpo, relaxado sobre o sofá. Acordou bem e aliviada.

– Acredite, acho que um dos mercadores era meu marido de novo. Como isso é possível? Será que sempre pertenci a ele, fui sua escrava? Não é para menos todo esse meu ressentimento! E meus pés! Quase consigo sentir o calor e a dor.

– Achei este detalhe bem interessante. Pense no fetiche que você tem por sapatos. Não conheço outra pessoa que tenha tantos tipos e pares quanto você!

Rimos muito de minha conclusão.

– É verdade! Como é interessante me ver dessa maneira. – E, ao dizer isso, esfregou as solas de seus pés sob as meias, mesmo nunca tendo estado em um deserto nesta vida.

– Creio que jamais vou me sentir culpada novamente ao comprar um par de sapatos novos. Mereço cada um dos que tenho, dos tênis ao chinelo de seda!

– Amém! – disse eu, abraçando-a.

Para muita gente, regressão a vidas passadas pode parecer bobagem. Mas, para quem leva o processo a sério, trata-se apenas de uma maneira de acessarmos uma parte de nossa memória, que representa a função da psicanálise, e de obtermos uma visão positiva de nossas experiências.

Ver o passado sob nova perspectiva e alterar o paradigma da vida atual, ampliando nosso estado de consciência, é tudo o que a maioria de nós gostaria de fazer. Poder ver-se livre da culpa, vergonha ou dos dilemas é uma verdadeira bênção. E também uma maneira de ver o futuro com mente aberta, esperança no coração e vontade de ajudar os outros. ❦

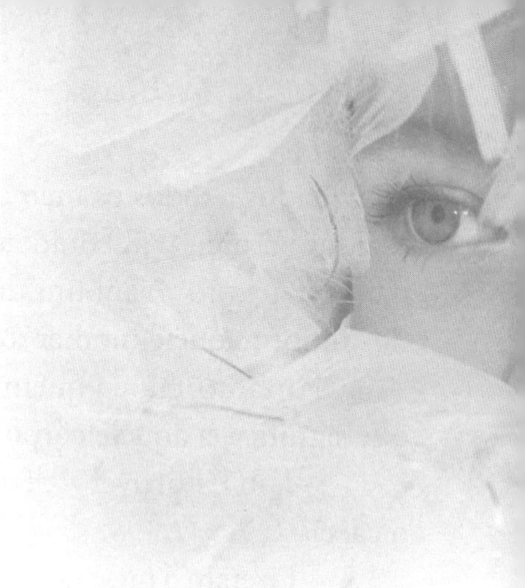

A visita de vovó

A única vez em que minha avó Ethel me visitou à noite foi uma semana depois de sua morte. E não sei por que foi escolher justamente a mim. Não me lembro de ser uma de suas netas prediletas. Acho que ela gostava mais de minha prima Barb, que adorava cavalos. Meus avós tinham uma fazenda na Flórida com muitos animais. Eu não cheguei a andar a cavalo nas terras deles, mas me lembro que meu avô andava muito. Na época eu morava em La Porte, Indiana, e ele morreu quando eu ainda era pequena. Não chegamos a ter muito contato.

Minhas primas Barb e Beth cresceram em uma cidade pequena perto de minha avó Ethel e a viam com freqüência. Iam à missa juntas, passavam feriados e faziam visitas constantes à casa uma da outra. Portanto, saber que minha avó havia me visitado, ou a alguém em minha família, era um tanto estranho.

O funeral de vovó Ethel foi parecido com o de meu avô Clyde, seis anos antes, seguindo as tradições sulinas. O corpo era colocado em um caixão na sala de visitas da casa. Fomos de Indiana para lá e ficamos hospedados na casa, que tinha diversos quartos.

Eu tinha 13 anos na época. Minha mãe se sentou comigo e me disse que eu já não era mais "uma criança", pois assim eu me sentiria mais forte e ajudaria a cuidar de meus irmãos mais novos naquele momento. Ela ficou o dia todo ocupada, recebendo os convidados e todos os membros da família, que vieram de outros estados. E meu pai, como advogado, tinha toda a papelada para dar andamento. Nenhum dos dois estava disponível para cuidar dos filhos naquele momento.

Portanto, fui eu quem teve que explicar aos meus irmãos o que significava aquele corpo na sala de visitas.

– Isso é horrível – disse meu irmãozinho Ed, olhando para o caixão.

– Fizeram a mesma coisa quando o vovô morreu – completou minha irmã Nancy.

– Não me lembro. Eu era muito pequeno – respondeu ele.

– Mas vovó nem estava doente. Como vocês sabem que ela está morta mesmo? – perguntou Nancy.

– Está há dois dias no caixão. Só pode estar morta – respondeu Ed, com autoridade.

– Achei que íamos ficar todos rezando – disse Nancy, olhando para mim.

– Só quando estivermos na igreja – respondi, sem muita certeza se as regras da igreja presbiteriana de minha avó eram as mesmas da católica.

– Gosto mais dos nossos funerais lá em Indiana – disse Ed. – Você pode sair e entrar quando quiser e não tem de dormir com o corpo.

– E se ela acordar no meio da noite e for até o nosso quarto? – perguntou Nancy, com medo.

– Ela não acorda mais! – respondeu Ed. – Mortos só saem da tumba depois que viram esqueletos, e leva anos até a carne desaparecer. Eu sei como funciona. Vou ser médico quando crescer. Esse é o tipo de coisa que os médicos estudam.

– Tenho medo de esqueletos – disse Nancy, se encolhendo.

Olhei irritada para Ed.

– Ele está brincando, Nancy. Está tentando assustar você.

Nancy fechou o punho e socou o braço do irmão. Mas ele não se afetou. Ed sempre foi do tipo durão. Defendeu-se do soco e saiu da sala. Já tinha se divertido muito à nossa custa.

– Então os mortos andam? – perguntou Nancy, impressionada.

– É claro que não – respondi da maneira mais calma que pude. – Quando alguém morre, voa direto para o céu.

Ela pareceu mais aliviada.

– Ah, sim. Eles têm asas como os anjos – respondeu. – Vovó deve ter ficado bonita com asas.

E foi para a cozinha. Eu continuei na sala, olhando para o caixão e pensando que a imagem de vovó com asas não parecia real. Mal sabia que em menos de uma semana eu teria uma resposta para meus pensamentos.

Terminado o funeral e feita a partilha dos móveis, da prataria, dos cristais, da porcelana e dos lençóis de linho, embrulhamos as relíquias que ficaram com minha mãe, chamamos uma transportadora, enviamos as caixas e voltamos para Indiana. Foi uma viagem difícil para minha mãe, mas me lembro que ela demonstrou muita força durante todo o caminho, fazendo planos para o resto do ano e até para uma viagem de fim de ano à Flórida. Vovó tinha morrido, mas a vida tinha de continuar.

Estávamos em casa fazia dois dias quando sonhei que vovó Ethel estava caminhando sobre um mapa dos Estados Unidos, indo da Flórida para Indiana. Atravessou todo o Estado e parou em frente à nossa casa. Entrou e foi até o meu quarto. Tive até a impressão de ouvir minha irmã perguntando de novo:

– Os mortos andam?

Acordei gritando assustada.

Sentei-me na cama, bem acordada.

E lá estava, bem à minha frente, vovó Ethel. Fiquei congelada de medo. Nunca tinha visto um fantasma antes.

– Cathy, acorde.

– Já estou acordada – disse, tremendo. Lembro-me claramente de colocar a mão sobre o travesseiro para ter certeza de que estava acordada. Puxei-o pela fronha e coloquei em frente ao corpo, como um escudo.

– Não tenha medo.

– É *claro* que estou com medo, vovó. Você deveria estar morta.

– Estou morta em seu mundo. Mas não no meu.

– Mas qual a diferença?

– Vim para lhe dizer uma coisa, mas você tem de prometer que não vai esquecer.

– Prometo.

– Vai se lembrar para sempre?

– Prometo. Vou me lembrar.

– Primeiro, quero que diga à sua mãe que me viu. E que a amo muito.

– Isso é fácil. Ela sabe.

– Não, não sabe, diga a ela.

– Mas por que eu?

– Porque você sempre foi a mãe e ela a filha.

– Vovó, você está com problemas de memória. Eu sou a filha.

– Você vai me entender mais tarde.

Balancei a cabeça, pensando. "Não acredito. Mesmo depois de morta ela me trata como criança".

Então o rosto dela ficou ainda mais sério, mas sua imagem parecia menos nítida. Seu corpo estava ficando transparente. Eu conseguia ver a porta do guarda-roupa atrás dela.

– Quero que escreva minha história um dia.

– Que história?

– A história de minha vida.

– Mas como vou fazer isso, vovó? Não sou escritora.

– Vai ser. É isso que vim lhe dizer. Seu destino é ser uma escritora quando crescer.

E desapareceu.

Não disse sequer adeus nem me deu informação alguma sobre Jesus ou meu anjo guardião. Fiquei desapontada. Não conseguia acreditar que ela tinha simplesmente ido embora daquele jeito.

E também estava assustada com o fato de ter visto aquele fantasma. E se fosse uma aparição enviada pelo demônio? E se não fosse minha avó? E aquela história de eu ser a mãe quando tinha apenas 13 anos e minha mãe ser a filha?

Contei tudo à minha mãe quando acordei no dia seguinte. Mas ela estava tão ocupada preparando o café da manhã, embrulhando nossos lanches para a lancheira, contando o dinheiro para comprar o leite, vestindo meu irmão e tentando achar as meias azul-marinho que meu pai precisava que nem prestou muita atenção no que eu estava dizendo.

– Não foi sonho. Eu estava acordada.

– Sim, com certeza. E sua avó estava ali, bem à sua frente – ela disse, e com tão pouco interesse que fiquei imaginando quantos parentes apareciam em seu quarto todas as noites a ponto de o assunto não ser importante.

– O que ela quis dizer ao mencionar que eu era a mãe e você a filha? – perguntei.

– Você deve ter entendido errado.

Claro, além de tudo, eu também não ouvia bem.

– É, deve ser isso. Vai ver eu não entendi direito.

– Com certeza. Agora vá. Seu pai já está tirando o carro da garagem para levá-las para a escola.

E foi só. Assunto encerrado.

A única coisa errada com aquela visita é que todas as palavras que ouvi ficaram gravadas em minha memória todos esses anos. É como se aquela “visita” tivesse acontecido ontem. E como ela previu, acabei me tornando escritora e agora posso escrever sua "história". Tudo faz sentido hoje.

Há alguns anos, quando resolvi reunir algumas histórias e escrever, conversei novamente com minha mãe sobre a visita de vovó Ethel. Analisando as palavras dela, mamãe me chamou a atenção para algo em que não havia pensado.

– Nunca lhe contei isso, mas nos últimos anos de vida dela nós não estávamos nos dando muito bem. Por isso ignorei o assunto quando você disse que ela me amava – disse. – Sempre tivemos opiniões diferentes a respeito de seu pai, Cath. Ela nunca gostou dele pelo fato de ser católico. E jamais me perdoou por ter me casado com ele. Em seu leito de morte, queria que eu prometesse que me separaria dele. Eu respondi que jamais faria isso, me levantei e saí do quarto. Ela morreu alguns minutos depois.

Isso explicava a frase de minha avó: "Diga a ela que eu a amo". É incrível como as pessoas conseguem romper a barreira do tempo e da vida para pedir perdão. Creio que foi por isso que ela veio me visitar, para que eu fosse sua mensageira.

Quanto ao resto do que minha avó disse, anos de estudos e de conhecimento esotérico me mostraram que a frase "você sempre foi a mãe e ela a filha" se refere a vidas passadas.

Quando estamos deste lado do véu, enxergamos apenas a realidade terrena. Nossos ancestrais, parentes e amigos falecidos, ou mesmo os anjos, nos "visitam" em sonhos e também nos momentos em que estamos acordados. E as coisas que nos dizem muitas vezes não fazem sentido ou não causam impacto no momento em que as ouvimos, mas são sempre importantes.

Nossa obrigação, quando iniciamos nosso caminho de "anjos protetores da humanidade", é prestar atenção a essas mensagens divinas. Ao invés de ficarmos apavorados ao ver um "espírito" ou "fantasma", devemos ter calma e prestar atenção a tudo o que ele tenta nos dizer. Como era muito jovem na época em que minha avó me visitou, não precisei fazer muito esforço para me lembrar do que ela disse. Achei, em minha ingenuidade, que ela estivesse ficando maluca! Quase ri ao ouvir suas palavras. Somente quando comecei a ter minhas próprias experiências de regressão a vidas anteriores, *déjà vu*, sonhos e a fazer terapia de sonhos foi que percebi que minha avó sempre esteve ao meu lado, me guiando e fornecendo indiretamente informações vitais para minha vida e para a de todos os meus leitores.

Também acho interessante o fato de ela ter usado o termo "destino". Disse que era meu "destino" me tornar escritora quando crescesse. Cinco anos antes de meu pai morrer, teve experiências de quase-morte e também me falou sobre meu "destino" quando voltou do "outro lado". Ambos me disseram a mesma coisa. É muito engraçado pensar que 20 anos atrás escrevi um romance chamado *Maybe someday* [Quem sabe um dia]. Era a história completa de minha avó, com referências históricas que minha mãe forneceu. Mas nenhum editor se interessou em publicá-lo. Nem sei se ainda tenho aquele manuscrito de quase 500 páginas depois de tantas mudanças de uma casa para outra. Talvez não fosse a história que minha avó queria contar. Talvez *esta* seja a que desejava ver publicada. Quem sabe sua "visita espiritual" não tenha sido a história mais importante de sua vida, ou mesmo de sua pós-vida?

O arrepio que sinto ao escrever esta frase me diz que pode ser isso mesmo. Levei 40 anos para entender o que ela disse e o que queria que eu fizesse. Mas com este texto que termino agora, em 16 de abril de 2005, acredito que ela finalmente esteja satisfeita.

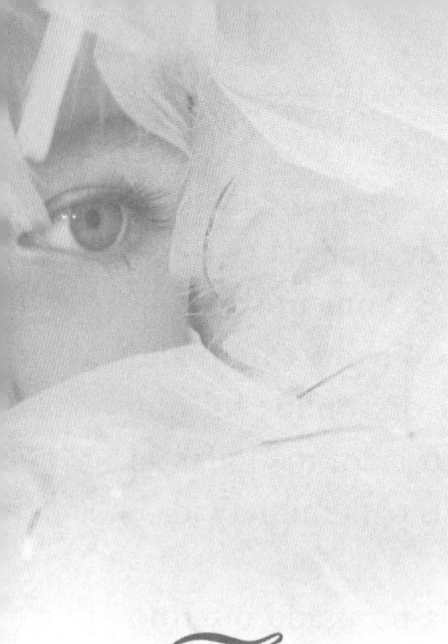

O telefonema de Fran

Tenho duas grandes amigas chamadas Fran e Al Rumely. As duas moravam em uma gigantesca casa de três andares na pomposa Michigan Avenue, em La Porte. Sempre adorei aquela casa. Tinha uma cozinha enorme, cheia de armários de portas de vidro. Dava para ver toda a louça e a porcelana fina.

Era a única casa que eu conhecia que tinha um vestíbulo, uma ante-sala e, só então, a sala de estar. A maioria de nossos vizinhos tinha casas como as de fazenda, em que a porta de entrada se abre diretamente para a sala. Mas os Rumelys tinham uma entrada que impressionava. Depois da sala havia uma escadaria enorme que levava ao segundo andar, onde ficavam os quartos das meninas. O terceiro andar era território proibido para as meninas, incluindo as visitantes como eu. E também a única casa que eu conhecia em que só se falava inglês à mesa uma vez por semana, nas quartas-feiras durante o jantar. O francês era a língua oficial da casa. Na minha, o máximo de língua estrangeira que conhecíamos eram as canções sobre cerveja que meu pai nos ensinava em alemão.

Havia sete crianças na família Rumely e quatro na minha, os Lanigan. Cada Lanigan tinha um Rumely como colega de classe. Nossos pais freqüentavam as mesmas reuniões do clube e nossas mães os mesmos grupos na igreja. E também costuravam juntas nossos vestidos. Quando Fran cresceu, começou a costurar junto com minha mãe. E se entusiasmou tanto que fez cursos de corte e costura e começou a lecionar bordado.

Os dois casais também jogavam bridge, golfe e davam festas juntos. As garotas Rumely e Lanigan passeavam juntas e pertenciam ao mesmo grupo de escotismo e os garotos jogavam futebol no mesmo time da igreja. Era muito difícil ver alguém da família Lanigan sem alguém da família Rumely por perto.

Por mais de 30 anos as duas conviveram lado a lado. Quando Al Rumery decidiu concorrer a prefeito, meu pai e minha mãe foram seus dois maiores aliados políticos. E quando se elegeu, meus pais deram uma grande festa para comemorar.

Mamãe sempre dizia que passávamos tanto tempo uns na casa dos outros que as duas casas pareciam extensão uma da outra.

Quando algo ruim acontece com quem amamos, o choque é tão grande que muitas vezes não agüentamos. A única maneira que nossa mente encontra para lidar com a situação nesses casos é negar a realidade.

Na noite em que minha mãe recebeu um telefonema informando que Al e Fran foram baleados, enquanto dormiam, por um ex-funcionário da prefeitura enlouquecido, que dizia ter perdido o emprego por culpa do departamento de higiene da cidade, simplesmente não acreditou. Fran era como uma irmã para ela, ou mais que uma irmã. Era alguém que ela amava demais.

A morte de Fran deixou um vazio na família Lanigan que jamais foi preenchido.

Ela morreu na hora. Já Al sobreviveu, como que por milagre.

Lutou durante semanas para se manter vivo com a ajuda de toda a tecnologia médica disponível na época. Lembro-me do ódio e da revolta que tomaram conta das crianças. Era espantoso.

Em menos de um mês, porém, Al também não resistiu e acabou morrendo.

– Papai não escolheu morrer assim! – disse uma das meninas. – Não é justo! Não é justo!

Os dois funerais me abalaram. Perder Fran e Al era como perder meus próprios pais. Boa parte da educação que tive quando criança veio de Fran. E agora ela estava morta.

Mas pior que a dor que eu e meus irmãos sentimos foi ver minha mãe à beira da insanidade. Lembro-me de vê-la pegando o telefone, discando o número de Fran e desligando logo em seguida:

– Puxa, me esqueci que ela não está em casa.

Ou quando algo engraçado ou interessante acontecia ela logo dizia: – Tenho que contar isso a Fran... – Seu rosto então se entristecia, lágrimas rolavam de seus olhos e todos percebiam a dor que sentia por ter perdido a melhor amiga.

Sempre achei interessante o fato de os mortos virem nos visitar. Sei que Fran sentia a dor de minha mãe. Mas nada do que dizíamos a fazia se sentir melhor. Havia um vazio em seu coração.

Um mês depois da morte de Fran, minha irmã Nancy teve um dos sonhos mais reais de sua vida:

Ouviu o telefone tocar. Atendeu.

– Alô?

– *Nan, é Fran. Você pode me fazer um favor, querida? Diga à sua mãe para não se preocupar comigo. Eu estou muito bem.*

– Fran, é você?

– *Sim, sou eu. Diga também que eu queria ter ligado antes mas estava muito ocupada aqui.*

– Ocupada?

– *Sim. Aqui é um lugar muito interessante.*

– E onde é esse lugar?

– *O céu, querida.*

– Não estou entendendo, Fran. Como você pode estar ocupada no céu? O que tem feito de tão importante?

– *Bem, estou dando aulas de bordado, sem parar. Quase nem tenho tempo para descansar.*

– Bordado.

– *Claro. Meu ponto está fazendo muito sucesso por aqui. Bem, dê o recado à sua mãe, sim? Eu tenho que ir.*

E desligou, antes que Nancy pudesse continuar.

Ela acordou e foi imediatamente contar à minha mãe sobre o sonho.

– Era Fran mesmo, mãe. Juro que era. Você se lembra que ela tinha o hábito de desligar o telefone sem se despedir!

– Sim, Nan – disse mamãe. – Eu sempre brigava com ela por causa disso. Mas esse sonho é um sinal de que ela está realmente no céu, e ainda por cima lecionando bordado.

– Mas será que as pessoas aprendem bordado no céu? – eu perguntei.

Mamãe ficou pensando durante alguns segundos e disse:

– E por que não? Fran tem um talento inigualável com a agulha. E os desenhos que criava pareciam nem ser deste mundo, de tão lindos. Nada a deixava mais feliz do que ensinar pontos de bordado. Acredito, sim, nessa possibilidade.

A tranqüilidade na voz de mamãe nos mostrou que ela finalmente havia aceitado a morte de Fran. Queria um sinal e tinha recebido.

Jamais duvidamos que Fran tenha telefonado para Nancy do céu naquela noite. Mamãe e Fran eram extremamente apegadas. Fazia todo sentido aquela ligação de Fran só para dizer "oi", mesmo estando do "outro lado". ❦

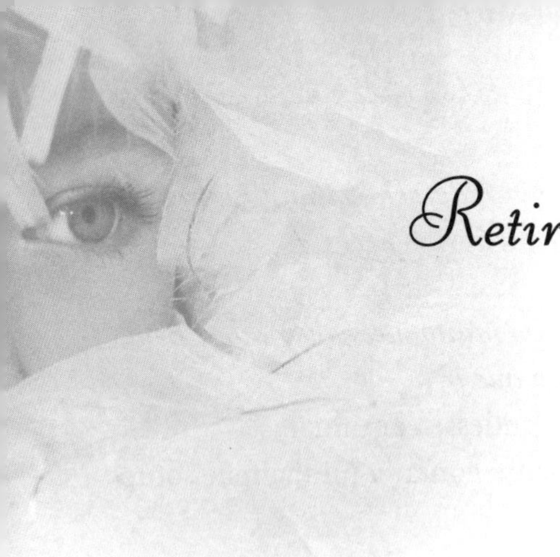

Retire-se, anjo da morte!

Houston, Texas. 1973.

Andrew Shiro, de apenas sete meses de idade, já estava em seu segundo encontro com a morte (veja "A equipe médica do Além"). Uma ileostomia que sofreu na primeira semana de vida salvou sua vida, mas logo o intestino delgado começou a apresentar o mesmo tipo de problema que o intestino grosso.

Ao ver que o filho se sentia mal, Vicki e Andy correram com ele para o Hospital Infantil do Texas, mas chegando lá descobriram que o doutor Harberg, que tinha feito a primeira cirurgia, estava na Alemanha e só retornaria semanas depois.

Examinando a criança, os médicos do hospital perceberam que seus intestinos estavam retendo as fezes, que estavam grossas demais para passar pelo tubo colocado durante a cirurgia. Como se tratava de uma doença rara e o doutor Harberg era o único especialista naquele tipo de cirurgia, os outros médicos não sabiam como ajudar Andrew.

Em poucos dias, apesar de todos os cuidados da mãe e da dieta especial, o menino perdeu quatro quilos e estava desidratado.

Na verdade, estava à beira da morte.

A equipe do hospital conseguiu localizar o doutor Harberg na Alemanha. Ele não quis passar o caso para os outros médicos.

Pediu apenas que mantivessem a criança viva até chegar e comprou passagem no primeiro vôo para Houston.

À Vicki só restava rezar.

Insistiu em ficar com Andrew no hospital e os médicos pediram que providenciassem uma cama para ela no quarto.

O estado de desidratação era tão avançado que o médico queria injetar soro no menino para salvá-lo, mas suas veias estavam fracas e difíceis de acertar. Mesmo sem conhecer os procedimentos médicos, Vicki ficou desesperada ao ver o que estava acontecendo.

Mas de repente ouviu novamente as vozes da equipe médica do "outro lado".

– *Diga a eles para fazerem um corte.*

Vicki se aproximou da enfermeira e do médico e sugeriu o procedimento.

– Como? – perguntaram eles.

– Vocês não sabem que se pode fazer um corte nesses casos?

– Sim, nós sabemos. Mas como *você* sabe?

– Simplesmente sei – E repetiu em voz alta o que ouvia dos anjos. – Abram a veia com um corte fino, insiram a agulha e depois suturem a pele.

– A senhora teve algum tipo de treinamento médico? – o médico perguntou.

– Sei o suficiente para dizer o que é preciso fazer neste momento. Agora, vocês vão fazer o corte ou eu mesma vou ter de fazer? Não tenho problema algum em relação a isso.

– Sim, sim, vamos – respondeu a enfermeira.

Vicki percebia que Andrew estava definhando a cada minuto.

– Ele é meu único filho... vou segurá-lo enquanto vocês fazem o corte.

– Sem problema – disse o médico enquanto pegava os instrumentos com a enfermeira.

Em poucos minutos o corte ficou pronto, a agulha foi inserida e a sutura foi feita com sucesso.

O líquido intravenoso finalmente estava circulando nas veias de Andrew. Mas só o tempo diria se ele conseguiria sobreviver.

Pelo menos era o que Vicki imaginava.

Naquela noite uma tempestade muito forte caiu sobre a cidade. Andrew adormeceu profundamente e Vicki passou a noite orando por ele enquanto os raios cortavam o céu. Em alguns momentos, imaginava se a tempestade lá fora não estava caindo para desafiá-la ou mesmo para protegê-la.

– Deus, me ajude. Dê-me forças para sobreviver a essa dificuldade, dê-me forças para lutar mais um pouco. Por favor, permita que Andrew viva.

A luz do quarto estava apagada e apenas um pouco de claridade entrava pela janela. Sentada na cama e com a cabeça encostada no berço do filho, Vicki olhava para fora e orava.

Então, como em uma cena de filme de terror, uma fumaça escura começou a subir do chão. Vicki imaginou que fosse um princípio de incêndio.

Já ia gritar, chamando as enfermeiras, quando percebeu que não era fumaça de fogo. Começou a subir, tomando oito tipos diferentes de formato e circundando o berço de Andrew.

Vicki se levantou em um salto.

– Eu sei quem vocês são! – gritou. – São anjos da morte. Mas não vou deixar que levem meu filho!

Jogou-se então sobre o filho no berço, dizendo:

– Vocês não vão conseguir. Eu sou a mãe dele! Vão embora. Voltem para o lugar de onde vieram. Enquanto eu estiver viva não permitirei que vocês o matem!

Lágrimas rolavam em seu rosto, mas sua determinação era tamanha que as sombras se afastaram do bebê. Foram se afastando até um canto do quarto e começaram a diminuir, como se estivessem derretendo, desaparecendo no chão.

– É isso mesmo! Voltem para o inferno, de onde vieram! – gritou, mantendo a mão sobre o peito do filho e transmitindo a ele todo o seu amor e sua força.

Não dormiu o resto da noite, vigiando o menino com a mão sobre seu coração.

Quando o dia raiou, Andrew parecia outra criança. Suas faces estavam até coradas. Doutor Harberg telefonou para avisar que estava indo do aeroporto direto para o hospital. Enquanto o bebê era preparado para a cirurgia, Vicki agradecia aos céus.

Dois dias depois se mexia e emitia sons alegres no colo da mãe enquanto iam para casa. Vicki tinha descoberto muito mais do que as maravilhas da ciência moderna: aprendeu que nada nesse mundo é mais forte que as preces de uma mãe.

O paraíso me espera

Adoro música de todos os tipos. Mas quando se trata de talentos musicais, não tenho a menor vocação. Cheguei a cantar no coro da paróquia durante o ginásio, mas no colegial uma mensagem mais forte me disse: "Música não é sua área". O único instrumento musical que aprendi a manusear foi o rádio. Nos sábados à noite eu até conseguia sintonizar bem algumas rádios de Nashville, Tennessee ou Detroit. Com sorte, o aparelho captava até um *disc-jóquei* de New Jersey. Quando meus pais resolveram investir em um toca-discos, eu ouvia meus discos de 78 rotações e cantava a plenos pulmões na sala quando ninguém estava por perto.

Meu talento musical se restringe a apreciar o talento dos outros.

Explico isso para ficar claro que não sentia vontade de escrever letras de música. Mas um dia, cerca de 20 anos atrás, senti que ainda iria acabar fazendo isso. Estava no consultório de um terapeuta de casais passando por uma entrevista para verificar minha estabilidade emocional (ou pelo menos era o que parecia). Disse que eu deveria fechar os olhos e imaginar um lugar tranqüilo.

Escolhi uma bela floresta com uma estrada de terra passando pelo meio. Descrevi a cena e ele me pediu que "imaginasse" alguém caminhando em minha direção para me ajudar. Imaginei minha amiga Cherry. Ela se aproximava, colocava o braço ao redor de meus ombros e seguíamos juntas pela estrada. Ele disse então:

– Imagine mais pessoas se aproximando de você. Quem são?

Neste ponto minha visão se tornou interessante. Caricaturas em forma de desenho animado das estatuetas do Oscar, do Emmy e do Grammy começaram a surgir e a se aproximar. Não foi difícil associar aos nomes "Oscar", "Emily" e "*Grandmother*" [vovó].

Quando abri os olhos e expliquei ao terapeuta o que tinha visualizado, ele perguntou:

– E o que tudo isso significa para você?

– São pessoas as quais amo muito – respondi, com um sorriso.

Então ele terminou a sessão dizendo que eu não precisava voltar. Não tinha problemas que precisassem da ajuda de um terapeuta. Concordei plenamente com o que ele disse.

Não sei por que, mas desde aquele dia a idéia de escrever a letra de uma música se infiltrou em minha mente de maneira sorrateira. Pode ser uma idéia poética, mas não muito prática. Além de ter muitas outras coisas para escrever, nunca tive uma veia criativa, muito menos para escrever algo que alguém pudesse transformar em música. E sempre achei que era preciso freqüentar escola de música para fazer isso.

Com o passar dos anos tive o privilégio de conhecer produtores e cantores. Assisti e estive ao lado de profissionais da área em estúdios como o de Los Angeles, por exemplo. Lá estão os compositores verdadeiros, que criam música de verdade. O mundo musical sempre foi algo distante para mim. Gostava muito de acompanhar os profissionais, mas não me imaginava trabalhando na área.

Há algum tempo participei do projeto de um filme para crianças e adolescentes chamado *The adventures of Lillie and Zane: the secret of the seven stones* [As aventuras de Lillie e Zane: o segredo das sete pedras]. Criei a personagem de Lillie Mitchel há dez anos. Ela estava em minha mente e em meu coração havia muito tempo. E quando comecei a trabalhar com o roteiro, a idéia de escrever a música voltou. Mas ainda assim nem uma palavra da letra surgia.

Uma noite acordei lá pelas cinco horas da manhã. Era como se uma voz dissesse: "Cathy, acorde. Vamos, acorde!"

Era uma voz que eu não ouvia fazia muito tempo, uma voz que sempre surgia quando eu estava em perigo ou quando minha vida estava para sofrer uma mudança radical. Sempre a chamei de doutor Voz.

Doutor Voz é meu guardião mais poderoso. Jamais se engana. Sempre que aparece presto muita atenção. Não é a voz de meu subconsciente ou algo que eu ouça com freqüência. É algo raro e importante.

Portanto, quando essa voz me pediu para acordar abri os olhos imediatamente.

– O que foi? – respondi.

– Acorde!

– Já estou acordada! – respondi, prendendo a respiração e olhando ao redor na escuridão. Então, totalmente desperta e concluindo que se tratava mesmo do doutor Voz, imaginei que tinha vindo avisar que minha mãe havia morrido. Ou que Nancy tinha sofrido um acidente de avião. Sempre que doutor Voz aparece é para dizer algo importante. Além disso, poucas pessoas me chamam de "Cathy" além de minha família. A maioria me chama de Catherine ou de Cath. Era mais uma prova de que se tratava mesmo de meu anjo guardião e não de um espírito se fazendo passar por ele.

Comecei a suar. Fiquei sentada, aguardando suas instruções.

– Escreva a música – ele disse.

– Que música?

– Suba ao seu escritório agora! Não volte a dormir. Escreva a música.

– Mas eu não sei de que música se trata... nunca escrevi letras de música...

– Suba e escreva.

Pulei da cama tão rápido que era como se ela estivesse em chamas. Sentia que não devia discutir aquela ordem. Fui rápido para o escritório e liguei o computador. Não fazia a menor idéia do que iria escrever, de qual seria o título, do assunto ou de como seria a música. Minha mente estava vazia.

Mas quando coloquei as mãos sobre o teclado meus dedos começaram a se mover automaticamente.

Fiquei espantada ao ver o cursor se movendo e frases se formando, compondo a bela letra de uma história de amor. Era um poema. Doutor Voz resumiu em lindas palavras a história de Lillie.

Sentada ali, perdi a noção do tempo. Em menos de 20 minutos a letra inicial tinha se transformado em algo concreto. Na hora seguinte ajustei o texto, a rima e a organização das palavras.

Ao final, imprimi e li tudo novamente. Meus olhos se encheram de lágrimas. Agradeci emocionada ao doutor Voz pela inspiração.

E deixo muito claro: não fui eu quem escreveu aquela letra. Um anjo a fez chegar até mim, como um grande presente para o mundo.

Telefonei então para minha amiga Wendy e contei o que aconteceu. Ela disse:

– Gostaria de ler.

Enviei então uma cópia para ela via fax.

Alguns minutos depois ela me telefonou.

– Nossa! Fiquei arrepiada quando li. Vai ser um grande sucesso!

– Mas não é uma música. É apenas um poema – eu respondi.

– É uma música sim! – disse ela. – Eu mesma poderia cantar essa música para você.

– Como assim?

– Você não vive dizendo que devemos prestar atenção à nossa intuição? Pois é. Eu estou ouvindo essa música inteirinha em minha mente.

Naquela tarde fui até Ron, meu massagista.

Enquanto ele desatava os nós em minhas mãos contei a ele o que tinha acontecido comigo de madrugada.

– E quem vai escrever as notas da música? – ele perguntou.

– Não sei. Não pensei nisso. Ainda estou muito surpresa com a idéia de ter recebido esse poema.

– Posso tentar? – perguntou Ron.

Só então me lembrei de que ele havia me dado uma fita com algumas composições *new age* de sua autoria alguns anos antes. Mas, como sempre, as idéias vêm de alguém ao meu lado.

– Meu Deus, como não me lembrei de você antes?

– Porque tinha de encontrar a pessoa certa pessoalmente – brincou.

Quando cheguei em casa telefonei para ele e li a letra que havia recebido. Ron se pôs a trabalhar com um profissionalismo que nem o doutor Voz tinha em termos musicais, creio eu.

Dois dias depois ele me telefonou e disse que havia tido uma experiência parecida com a minha.

– Já tenho a música para o poema. Mas o processo de criação foi muito estranho. Fluiu em minha mente com uma facilidade que não tenho há anos! Creio que ficou muito bom. Você precisa ouvir.

Uma semana depois ouvi a música e fiquei encantada. Chamei Wendy para cantá-la. Ela trouxe um amigo seu que é guitarrista, chamado Joe, que tocou a primeira versão. Mas ainda faltava fazer algumas adaptações. Modifiquei uma frase e adicionei outra. O resto ficou exatamente como doutor Voz havia me passado.

Algumas semanas depois, Ron me telefonou. Durante uma viagem a Nova York tinha composto alguns arranjos para melhorar a música. A letra continuou igual mas a melodia melhorou muito. Wendy se reuniu conosco na mesma semana e gravou a nova versão.

Foi muito interessante ver nossa criatividade se unindo. Parecia algo mágico. Ainda não terminamos o processo de produção, mas estamos quase lá. Muitas pessoas disseram que há pouca chance de a música ser tocada em rádios ou usada em um filme, mas para nós isso não conta. O mais importante é o fato de meus amigos acreditarem em mim e no doutor Voz e estarem comigo nesse trabalho difícil e delicado, que pode não ter grandes resultados mas é, por si só, compensador. Talvez ninguém goste de nossa música como nós e talvez ela nunca saia do papel, mas o importante é que acreditamos e cumprimos nossa tarefa. O resto está nas mãos de Deus. ❦

Parte 6

Experiências de quase-morte

Experiências de quase-morte ou EQMs são os casos em que a pessoa chega a ser clinicamente declarada morta ou "quase" morta, tem experiências de encontros espirituais com pessoas já falecidas ou chega mesmo a deixar o corpo por alguns instantes, retornando logo depois à vida. O interessante é que em quase todos os casos as pessoas passam a ver a vida de maneira completamente diferente.

Os cristãos chamam a esse tipo de evento "conversão de São Paulo", pois sempre causa mudanças em quem passa pela experiência. Até mesmo pessoas de temperamento ruim ou agressivo passam a rever suas atitudes e se transformam radicalmente depois de uma EQM.

Quando encontro pessoas muito egoístas e maldosas, costumo brincar dizendo "nada que uma boa EQM não possa dar jeito".

A experiência de quase-morte é o maior encontro que podemos ter com nossos anjos. Qualquer pessoa que chegue a morrer, a ter noção do que é o "outro lado", ao voltar compreenderá imediatamente o sentido real daquilo a que chamamos vida e certamente na próxima vez vai ficar por lá.

A vida não é um ensaio. Temos de fazer aqui nosso melhor trabalho.

Neste livro minha intenção não é enfatizar as experiências de quase-morte. Por isso limitei este capítulo a duas histórias: a de Judy Fry e a minha. É a segunda experiência desse tipo que tenho, e ainda não havia contado sobre ela em meus livros. Por isso, incluí todos os detalhes, o que não foi fácil pois havia muito o que contar.

Caso você ache esse tipo de história interessante, há muitos livros no mercado editorial a respeito. *Saved by the light* [Salvo pela luz], de Dannion Brinkley, foi um dos primeiros. Melvin Morse também escreveu algumas obras sobre o assunto. A bibliografia no fim deste livro menciona mais livros sobre EQM. ❦

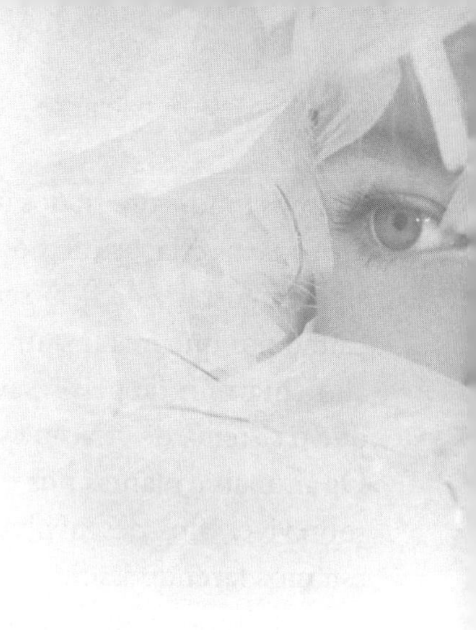

A morte é um anjo

Sempre acreditei no fato de que existe vida após a morte. Meus estudos, minhas experiências e pesquisas me mostraram que já vivemos outras vidas também.

Ontem estava falando com uma amiga e ela me disse não ter certeza se acreditava nisso. Ainda estava em dúvida. Tinha assistido recentemente a um programa de televisão sobre um paranormal que vê pessoas mortas e ajuda a resolver casos de assassinato. Mas não levou o assunto muito a sério. Poderia ser apenas uma história criada pelos produtores para chamar a atenção.

Isso mostra que ainda há muitas pessoas que não acreditam em vidas passadas. Ao escrever meus outros livros, e este também, parti do pressuposto de que o leitor *sabe* que existe vida após a morte e apenas deseja mais informações a respeito.

Contudo, se você, caro leitor, está buscando respostas como minha amiga, espero que as informações a seguir o ajudem a encontrar algumas delas. Não me cabe explicar em detalhes o funcionamento da vida e da morte. Não sou teóloga ou especialista no assunto a esse ponto. A única coisa que posso afirmar categoricamente é que experiências de quase-morte mudam drasticamente a vida das pessoas, pois podem ser comparadas a um encontro com o divino.

Somos todos parte de Deus. Somos os pensamentos Dele. E como Ele é nosso criador, também está dentro de nós. Por isso estamos todos conectados uns aos outros e nossa vida é entrelaçada. De todas as criações do homem a guerra é a mais absurda. Será que alguém gostaria de ficar sem um braço, uma perna ou de morrer? Então por que matar outros seres vivos? Já não basta o fato de nos alimentarmos de peixes, aves, carne vermelha e plantas? Acredito que o sistema de criação esteja baseado em "amor incondicional". Os animais e plantas nos fornecem sua energia para que possamos sobreviver, nos desenvolver e melhorar o mundo. Mas será que estamos fazendo isso?

É importante agradecer pelo alimento que recebemos todos os dias, seja ele de fonte animal, mineral ou vegetal. Também é importante agradecer a Deus pela oportunidade de estarmos juntos neste planeta agindo com bondade para com os outros e não com ódio ou violência.

Somos todos parte do universo.

Por isso, espero que a história de minha experiência de quase-morte não apenas ilustre o fato de haver outras realidades, mas que o ilumine para que você possa descobri-las também.

Não há talento, habilidade ou inteligência que permita explicar em termos lógicos as histórias seguintes, assim como nenhum poeta conseguiu até hoje definir com precisão a palavra "amor". Uma das condições naturais do ser humano é a limitação. A linguagem é um bom exemplo disso. A capacidade limitada que as línguas têm de expressar os pensamentos é a única coisa que me impede de definir o paraíso nessas páginas. Farei uma tentativa, como simples mortal, para definir o divino. Duvido que consiga.

Estando deste lado do véu, jamais saberei se morri realmente durante aquela cirurgia. Mas creio que sim.

Minha "morte" não chegou a ser registrada no monitor. Pelo que os médicos disseram, não chegaram a me "perder", como aconteceu com meu filho recém-nascido. Algo me fez chamar meu filho Ryan ao meu quarto na noite anterior à cirurgia, pois imaginava que seria nossa última conversa.

Tinha a nítida sensação de que não sairia viva daquela sala de cirurgia. Embora o médico garantisse que se tratava apenas de um tumor em meu ovário do tamanho de um feto de quatro meses, não sabíamos se era ou não um câncer, como tinha acontecido seis anos antes. Como poderia ser uma continuação do histórico, tínhamos de nos precaver.

Já passei por diversas cirurgias. Espero não precisar mais! Mas nunca tinha sentido necessidade de ter minha mãe ao meu lado. Desta vez, no entanto, fiz questão que estivesse ali, pois achava que não sobreviveria. Ela pegou o primeiro avião de Indiana para Houston após minha ligação.

Sentei-me então para conversar com Ryan, que estava cursando faculdade mas ainda ficava comigo nas férias de verão.

Separei algumas de minhas jóias e pedi a ele que as guardasse para minha neta.

– Como você sabe que vai ter uma neta?

– Sei que você vai ter uma filha. Não sei quantos filhos terá, mas sei que pelo menos um deles será uma menina – garanti. Para muitas pessoas a intuição feminina não é "garantia". Em minha casa, meu filho sempre soube que, quando eu garantia algo, é porque aconteceria mesmo. Naquele caso, imaginei que Deus me daria uma neta já que não tive uma filha, algo que sempre quis. Então, além de premonição, eu tinha muita esperança.

Disse também a Ray que tinha guardado algumas economias para sua graduação, mostrei meu testamento e uma lista de bens que deveriam ficar com minha irmã e minha mãe.

Ryan começou a chorar.

– Não acredito que estou ouvindo isso, mãe. O que está acontecendo? Você não quer mais viver? Não vai enfrentar este obstáculo?

– Não é isso, meu filho. É que tenho a impressão de que após essa cirurgia as coisas vão se modificar radicalmente em minha vida.

– Mas como?

Olhei ao meu redor. As paredes pareciam longe, como se eu estivesse entrando em um longo túnel.

– Sei que não vou mais morar nesta casa.

– Isso é ridículo – disse ele.

– Nada será igual. Seu padrasto vai me pedir o divórcio.

– Não acredito.

Evitei olhar para ele. Naquele momento conseguia ver toda a verdade em minha vida como um livro aberto.

– Não quero ser enterrada aqui em Houston. Já falei com minha mãe sobre isso. Quero que seja perto de minhas irmãs, se possível.

– Mãe, que conversa macabra. Você sabia que pode atrair coisas ruins falando dessa maneira?

– Estou apenas sendo prática.

– Não quero que vá embora. Você é minha única mãe! Preciso de você. Fique.

Então nos abraçamos e choramos. Lembrei-me da manhã em que Ryan nasceu e que quase morri. Eu era muito jovem ainda. Tinha apenas 24 anos. Quando o anjo me perguntou se eu queria voltar para a Terra e viver com meu filho minha decisão foi imediata. Amava aquela criança mais do que tudo, mesmo sem conhecê-la. Tinha sido parte de mim, partilhado até de minha respiração. Naquele momento, antes da cirurgia, o melhor que tinha a fazer era garantir que não o deixaria e lhe dar esperanças.

Não estava conseguindo entender minhas emoções, aquela sensação de que algo iria terminar ou mudar. Mas, se fosse a morte, estava pronta.

– Vou tentar ficar, Ryan, mas se o desejo de Deus for outro, terei de ir. Não se esqueça de que eu o amo muito e que sempre estarei ao seu lado, da mesma maneira que Ethan, seu irmão, está sempre conosco. Se precisar, sentirá minha presença ao seu lado e minha ajuda também.

– Vamos ser práticos, mãe. Como é que você vai fazer aqueles biscoitos deliciosos que eu adoro lá no céu?

Sorri e enxuguei suas lágrimas.

– Vou me lembrar disso.

Na manhã seguinte fui para o hospital para todo o pré-operatório que conheço tão bem. Minha mãe tinha chegado na noite anterior e dormiu em minha casa. Meu "futuro ex-marido" apareceu para fazer sua parte social, nada mais. Para ser franca, fiquei até surpresa por ele ter ido ao hospital.

Abracei minha mãe, imaginando que seria a última vez, e os enfermeiros me levaram de cadeira de rodas para a sala de cirurgia.

Tomei a anestesia e me senti em uma grande escuridão.

Era como se estivesse em um mar negro. Flutuei durante um bom tempo até chegar a uma rocha. Encostei-me nela.

De repente o espaço ao meu redor se abriu como se houvesse uma fenda no céu. Nada da cena fazia sentido e eu não tinha noção de quanto tempo havia se passado desde o início da cirurgia ou de onde estava. Havia somente o espaço, o universo ao meu redor e eu fazia parte dele. Sentia-me como um grão de areia, insignificante diante da imensidão. Então vi minha própria luz brilhando como se eu fosse a maior estrela no céu.

Um anjo imenso, de uns sete metros de altura surgiu à minha frente. Suas asas eram maiores ainda.

Minha vontade era cair de joelhos, mas fiquei ali, parada, somente observando.

– Quem é você? – perguntei.

– *Estou aqui para lhe dar forças, pois você está muito abatida.*

– É verdade, estou – falei surpresa ao ver que ele sabia exatamente do que eu precisava naquele momento de minha vida, mesmo porque eu não admitia minha fraqueza sequer para mim mesma. Aquelas simples palavras me encheram de coragem e esperança. Mesmo quando estamos sem forças, ter esperança nos faz prosseguir e tentar melhorar a cada dia. Naquele momento percebi que eu já não tinha esperança.

– *Toque minha asa* – ele me pediu.

Até hoje me lembro e me impressiono com a voz daquele anjo. Esperava ouvir algo imponente, como a do doutor Voz, que eu acredito ser o meu anjo protetor, mas foi algo totalmente diferente. Era um timbre melodioso e ressonante, que, principalmente, transmitia muito amor. Um amor que ecoou por todo o meu ser como música em volume alto. Com tanta intensidade que eu tinha a impressão que o eco passava por minha pele, invadindo minhas células, reestruturando, curando ou renovando tudo o que havia de velho em meu ser. Tinha a sensação de que algo se modificava em meu interior à medida que ele falava.

Mas não tive consciência total das informações naquele instante. Sentia o que estava acontecendo sem reagir, aceitando passivamente o processo. Lembro-me de um instante em que tive *todas* as respostas do universo sobre Deus, sobre como as coisas funcionam e sobre como acessar minha fonte interior por meio de meu coração, de minha mente e de minha alma de uma maneira que jamais imaginei ser possível. De repente a vida se transformou em algo muito fácil, simples e lógico.

– *Toque minha asa* – disse ele novamente.

– Não consigo.

– *Toque* – repetiu, em um tom voz de comando, mas carinhoso.

– Tenho medo.

– *Eu sei... seja corajosa.*

De repente senti uma coragem que jamais tive, quase como se fosse super-humana. Estiquei o braço direito e toquei a asa esquerda dele.

Digo "dele" mas até hoje não sei se aquele ser era masculino ou feminino. Associamos seres daquele tamanho à masculinidade, mas neste caso não tenho certeza. A sensação de proteção e de carinho que transmitia eram quase maternais. Por isso costumo dizer que os anjos são seres andróginos.

Usava uma túnica longa de tecido diáfano que brilhava com todas as cores do arco-íris. Uma boa descrição seria um tecido de "luz de diamante".

Aliás, esse é um detalhe importante. A luz do diamante é uma "armadura" de proteção que podemos visualizar ao redor de nosso corpo, de nossa casa e de nossa família para protegê-los de vibrações e pensamentos negativos. É diferente da luz prateada ou dourada. Olhando para aquele anjo, me lembrei das roupas do arcanjo Miguel em sua batalha contra Lúcifer e da frase "duro como diamante".

Na Terra se diz que não há substância mais sólida. Será que valorizamos tanto essa pedra porque nossas almas sabem que a luz do diamante é impenetrável? Muitas vezes durante minha vida me imaginei envolta em luz de diamante para me proteger de pessoas que sentia ter intenções negativas para comigo. Sempre funcionou. Elas saíam rapidamente de minha presença, o que prova mais uma vez que "a escuridão não resiste à luz".

Olhando para aquele anjo, tive coragem e toquei sua asa. Até hoje guardo nitidamente a sensação.

O osso da asa era como uma viga de aço. Tinha uns três metros de comprimento e se misturava à carne e aos ossos menores. Pressionei a mão contra a carne, que era macia e quente. Cheguei a sentir a pulsação das veias do animal. Sim, uso a expressão "animal" porque foi exatamente o que toquei. Um ser com coração, sangue, músculos, ossos e pele, além das penas.

Jamais comentei sobre esse detalhe com as pessoas e hoje sei o porquê.

Estive há pouco tempo em um programa de televisão chamado The Debra Duncan Show em que três irmãs falavam sobre a visão que tiveram quando sua mãe faleceu e entrou no túnel que leva ao "outro lado". Uma delas chegou a ver a alma da mãe se levantando do corpo em forma de luz brilhante, com aparência jovem e asas que se abriam.

Parece incrível, mas não acreditei nela. Justo eu, uma autora de livros sobre anjos, não acreditar no que ouvia simplesmente porque jamais tinha ouvido ou estudado um caso assim. Até aquele momento minhas pesquisas mostravam que anjos são anjos e seres humanos apenas humanos. Não conhecia essa parte da evolução do espírito. Teríamos atingido um nível tão alto?

A mulher descreveu as asas de sua mãe. Só então tive a comprovação de minha experiência com o anjo de dez anos atrás. A descrição dela batia exatamente com a minha. Hoje me sinto mais à vontade para falar de minha experiência de quase-morte.

As asas do anjo que vi tinham penas brancas, exatamente como as dos pássaros. Não eram como penas artificiais.

Eram brancas como neve e não brilhavam. Cobriam umas às outras em um padrão simétrico que deixava apenas alguns espaços para que as novas pudessem crescer nos poros da pele. Pareciam ásperas ao toque, mas depois percebi que era por causa do excesso.

O anjo era tão real quanto as galinhas da fazenda de minha avó.

Isso me assustou. Não imaginava algo tão concreto.

– *Suba em minhas costas* – o anjo pediu.

Outro susto.

– Como assim? Vamos a algum lugar?

– *Você deve estar se perguntando por que minhas asas são tão grandes e fortes.*

Como ele sabia o que eu estava pensando? E na mesma hora completei meu pensamento: "Claro. Anjos sabem tudo".

– *Não sei tudo. Somente Deus sabe tudo* – disse ele, lendo mais uma vez meus pensamentos.

O anjo se abaixou e eu subi em suas costas. A sensação era algo como a de Faye Wray em *King Kong*. Ele me ergueu e eu fiquei bem perto de seu pescoço.

O anjo tinha cabelos loiros. Agarrei-me a eles como se fossem rédeas.

– *Pronta?*

– Sim.

– *Segure-se bem. Não vou derrubá-la, mas você tem que fazer sua parte.*

Então, como em uma cena de filme de ficção científica, voamos pela noite a uma velocidade incrível. Gostaria de ter visto a Terra de longe como fazem os astronautas, mas não foi o caso. A velocidade era tão grande que os universos passavam ao nosso redor em segundos. Eram tantos que começaram a se fundir, formando um sem-número de linhas brancas que pareciam se transformar em um túnel ou algo parecido.

Talvez seja esse o túnel que as pessoas descrevem em suas EQMs. Quando finalmente paramos e pousamos estávamos em um local verde.

Lembrei-me do que minha mãe dizia sobre nossa tia Violet. Quando estava em seu leito de morte, nos últimos instantes ela repetia sem parar: "É tão verde, Dorothy! O paraíso é verde".

Era mesmo verde. E também amarelo, cor-de-rosa e azul.

Era uma paisagem parecida com a que temos na Terra, mas ao mesmo tempo totalmente diferente.

O céu era azul com riscos dourados, alaranjados e vermelhos como se o sol estivesse nascendo e se pondo simultaneamente.

A grama era de um verde vivo e brilhante. Parecia que cada folha tinha luz própria. As flores pareciam ter lâmpadas dentro. Outra comparação seria a de uma paisagem feita de gelo colorido e brilhante ou de pedras preciosas. A grama era incrivelmente macia como se fosse de veludo, seda ou *cashmere*.

Outra coisa que me chamou a atenção foi o fato de não haver nenhum tipo de sujeira no lugar. Tudo era imaculadamente limpo. Não pude deixar de brincar, pensando "eles devem usar um aspirador potente o tempo todo aqui!".

As árvores estavam impecavelmente aparadas como as dos jardins ingleses e franceses do século 18.

Estávamos sobre uma colina verde e havia um rio passando próximo. O anjo me levou até a beira da água. Olhei para baixo e vi o meu reflexo. A água não era transparente. Tinha um efeito de espelho. Era como se fosse um rio de mercúrio (mais tarde falei com outras pessoas que tiveram experiências de quase-morte e esse "rio de mercúrio" é um dos testes que se usa para verificar se a experiência foi real ou não).

– *Venha, vamos voar sobre ele* – disse o anjo.

– Não tenho de atravessar a água? – Imaginei que estava ali para "lavar meus pecados" ou algo assim.

– *Não há pecados aqui.*

Ele moveu então o braço para a esquerda e eu vi algo como um buraco no céu escuro. Pareciam "bolhas". Já ouvi pessoas se referirem a esse buraco negro no céu como uma "tela de cinema" em que suas vidas passadas desfilam em segundos. É a chamada "revisão de vidas" a que muitos se referem quando têm esse tipo de experiência.

Cada uma daquelas bolhas era uma vida que tive ou que ainda estou para viver (embora muita gente diga que coisas como tempo não existem e que todos os eventos acontecem simultaneamente).

As bolhas eram transparentes, e eu podia ver claramente todo o seu conteúdo (que seria um tanto longo para se descrever aqui). Passaram na minha frente em um milésimo de segundo.

Senti, então, naquele curto espaço de tempo, todas as minhas dores, tristezas, alegrias e amor. O anjo não disse palavra alguma nem esboçou nenhum tipo de julgamento. É importante ressaltar que a "dor" que senti não foi a de meus sofrimentos, mas sim *aquela que causei a outras pessoas, tanto física quanto emocionalmente.* Esse é um aspecto muito importante da revisão de vidas. A maioria de nós, em sua ignorância e egocentrismo, acredita que sofre muito. Esse sofrimento, porém, não é sequer um grão de areia comparado a todo o ódio, intolerância e maldade que infligimos aos outros. Sentimos toda essa dor quando revisamos nossas vidas passadas. Portanto, é importante prestar atenção ao que fazemos cada vez que discordamos de alguém. Devemos sempre levar em consideração os sentimentos das pessoas. E, principalmente, não se pode anular palavras ditas. Elas ficam registradas para sempre no universo. São *nossas* ações e, boas ou más, temos sempre a chance de escolher antes de tomar uma decisão.

Hoje, quando ouço a descrição de experiências de quase-morte consigo identificar a quilômetros os charlatões, pois eles deixam de mencionar todos esses aspectos muito importantes da revisão de vidas passadas.

Estamos aqui na Terra para aprender a amar uns aos outros. Enquanto não aprendermos a fazer o bem incondicionalmente, voltaremos quantas vezes for necessário. Criminosos e assassinos têm de sentir "na pele" a dor que causaram às pessoas e passar pelo mesmo sofrimento que elas. Isso é o chamado carma. Não acredito em algo como inferno, mas sei que a revisão de vidas passadas pode ser uma experiência terrível para quem foi cruel.

Revivi naquele curto espaço de tempo todas as minhas experiências. Foi como se tivesse nascido, vivido e morrido no mesmo instante. O mais incrível é que ninguém me julgou. Eu é que julguei a mim mesma. Assisti a cada cena sentindo todas as emoções e, ao mesmo tempo, meu cérebro ia analisando os fatos de maneira muito objetiva, como se eu fosse outra pessoa.

Outro fato interessante é que eu me sentia como se estivesse entre duas vidas naquele *paraíso*. Vi meu espírito indo e vindo da Terra e tomando decisões de morrer ou de ficar. Parece estranho agora, mas no momento fez todo sentido.

Senti alegria por ter sido enviada à Terra dessa vez para amar e para resgatar existências do passado com pessoas a quem ainda "devo". São dívidas que adquiri em outras vidas, quando deixei de amar tanto quanto deveria. Toda vez que neguei amor ou ajuda a alguém, mais tarde percebi que tinha deixado de cumprir minha missão. Fiquei "desapontada" comigo mesma ao final daquelas vidas.

Até hoje as "bolhas transparentes" são uma das referências que utilizo para saber se alguém está ou não dizendo a verdade sobre EQMs. A descrição delas também ajuda. Não são sólidas. Parecem feitas de um líquido róseo; várias outras cores também se movem pela superfície. Ao serem tocadas, reagem como líquido e têm temperatura média, nem quente nem fria. Já soube de pessoas que viram essas bolhas em estado profundo de meditação ou de prece, mas são casos muito raros.

No momento seguinte estava novamente nas costas do anjo, sobrevoamos o rio e, quando desci, ele desapareceu. Então me vi em uma estrada de tijolos dourados. Não sei se foi por ter assistido muitas vezes ao filme *O mágico de Oz*, achei que a estrada tinha realmente uma luz dourada. O lugar ao redor era muito bem cuidado, com árvores perfeitas como se tivessem sido criadas especialmente para aquela paisagem. As flores e rosas tinham um perfume estonteante. Havia também lírios, orquídeas, amores-perfeitos, margaridas e outras que jamais vi. Podiam ser de países que não conheço ou até de outros planetas. O ar era limpo e suave. As nuvens brancas no céu azul. Havia também algumas luas. Sim, havia mais de uma. O rio prateado ou de mercúrio estava atrás de mim e fazia uma curva para a esquerda.

Olhei ao meu redor procurando o anjo e deparei com um homem que me pareceu ser Jesus. Era alto, magro e tinha cabelo castanho-claro na altura dos ombros. Não conseguia olhar para o seu rosto. Uma luz tão intensa emanava dele que feria meus olhos. Tive a impressão, mas não posso garantir, que usava também barba e bigode. Seus olhos eram de pura luz em tom acinzentado. Esse é outro detalhe que muitas pessoas mencionam em suas EQMs e que uso como validação quando dizem ter visto Jesus.

Neste ponto, devo mencionar algumas descobertas arqueológicas recentes que são bastante interessantes. Pesquisas revelam que o famoso Sudário de Turim não é o que envolveu o corpo de Cristo. Os testes do carbono 14 mostram que ele data de, no máximo, 1240 d.C.

Os acadêmicos acreditam que o manto foi usado para enterrar Jacques de Molay, o último grão mestre dos cavaleiros templários que lutaram bravamente durante as Cruzadas. O fato é que, devido às suas crenças, Jacques foi torturado pelo rei Felipe da França e pelo papa Clemente, em 1307. Foi considerado herege e o rei Felipe confiscou os tesouros dos Templários, do qual fazia parte o maior grupo de nobres de toda a cristandade.

Ao ser sentenciado à morte, Jacques pediu para ser crucificado exatamente como Jesus. Igualmente, recebeu uma coroa de espinhos, foi açoitado, crucificado e lancetado. Por isso todas as marcas da tortura estavam registradas no manto, o que levou os cristãos a acreditarem durante muitos séculos que se tratava do mesmo que envolveu o corpo de Cristo.

Jacques de Molay tinha mais de 1,80 metro, era magro, tinha rosto anguloso e cabelos longos.

A maioria dos pintores medievais e também os ocidentais basearam-se nas marcas do Sudário de Turim para pintar o rosto de Jesus. Eu mesma tenho visto o mesmo tipo físico em todas as obras até hoje.

O Sudário foi, durante muito tempo, uma prova para os historiadores de que Cristo viveu realmente, como descreve o *Novo Testamento* (o que sempre foi questionado pelos não-cristãos). A partir de trechos do *Novo Testamento*, dos Manuscritos do Mar Morto e dos evangelhos gnósticos alguns estudiosos concluíram recentemente, em 2002, que Jesus de Nazaré tinha estatura baixa, cabelos e pele escuros (como a maioria dos judeus daquela época) e era, possivelmente, corcunda. Essas informações estão registradas em documentos da arqueologia moderna. Não tenho a menor dúvida de que em alguns anos outra equipe de arqueólogos acabará encontrando mais teorias como essa nos Manuscritos do Mar Morto.

Por isso não sei com certeza se o homem que vi em minha EQM era Jesus. Pode ter sido Jacques de Molay, que se tornou santo após ser acusado falsamente de crimes cometidos pelo próprio rei Felipe, que cobiçava o dinheiro e as terras dos Templários.

Ou pode ser um anjo, um "ser de luz" ou um mensageiro. Ele não disse quem era e eu também não perguntei. Simplesmente concluí que se tratava de Jesus.

A força de amor que emanava dele era tão forte, profunda e incondicional que não pude me conter e caí de joelhos, chorando. Sentia-me o mais humilde dos seres. Sabia que ele me amava exatamente como sou. Jamais senti uma emoção tão forte como aquela. É impossível descrever sua intensidade.

– Meu Senhor e meu Mestre – disse eu, soluçando. Estava maravilhada por sentir sua presença. Lembro-me que cheguei a pensar: "Jesus deve ter coisas tão importantes a fazer. Por que parou para vir conversar comigo?" E continuava sentindo aquela imensa onda de amor me invadindo.

– *Sua missão ainda não terminou* – disse ele.

Centenas de idéias passaram por minha mente. Não eram apenas meus pensamentos. Era uma torrente de conhecimento universal de uma magnitude absurda, que jamais imaginei que um cérebro humano pudesse conter. Mas ao invés de me sentir sobrecarregada, a sensação que tive foi de paz infinita em relação à minha vida, à vida de todo o universo e tão plena de amor que nada mais importava a não ser estar ali com Jesus. Levantei então a cabeça e olhei para cima.

Como não conseguia olhar diretamente para ele, olhei para seu lado direito (meu esquerdo). Vi ao longe algo que parecia uma catedral gótica feita de cristal. Havia outras construções do mesmo material ao redor. Parecia uma cidade de cristal. Eram monumentos que representavam todos os tipos de construção da Terra: gregos, egípcios, babilônicos e os da Idade Média. Um deles se parecia como o templo de Herodes, que eu já tinha visto em livros de história. Cada grande catedral medieval européia estava representada. Também construções com cúpulas como as da Rússia, China e de outros países do Oriente. E também telhados como os que se vê na Indonésia, Tailândia e Tibete. Lembrei-me de uma frase da oração Pai-Nosso, que diz: "... assim na Terra como no céu".

Observando melhor, percebi que a cidade não era de cristal, e sim de luz. Brilhava como se tivesse vida e energia próprias. Cada prédio ou casa parecia ter uma personalidade. Senti a presença de outras almas e anjos no lugar, mas não os via. O único som era o do rio atrás de mim. Ou pelo menos é o que parecia. Prestando atenção percebi que não era o som de água ou mesmo do tipo que meu pai descreveu em sua EQM, e sim o som de energia estalando, forte como o de um rio descendo uma montanha. Quando se ouve esse som, não se esquece mais.

Eu estava no paraíso e não queria outro tipo de vida. Então outro pensamento veio à minha mente e ao meu coração.

– Você está me mandando de volta – eu disse.

– *Sim.*

– Mas eu gostei tanto daqui.

– *Você não pode ficar. Lembre-se de contar às pessoas de que "somos todos um só".*

No momento em que ouvi essas palavras senti como se estivesse recebendo mais conhecimento. Um novo fluxo de informações invadiu meu ser. Compreendi então, claramente, que todos os seres da Terra, do universo e do "outro lado" tinham o mesmo coração e a mesma mente. Estamos intimamente ligados uns aos outros.

"Tudo aquilo que fizeres a um desses pequeninos é a mim que estarás fazendo". As palavras de Jesus (Mateus, 25: 40) reverberaram em minha consciência. Percebi que mesmo o menor dos insetos não é pequeno aos olhos de Deus. Somos todos iguais perante Ele. Árvores, plantas, animais, peixes, humanos e anjos são todos criação de Deus e ele nos ama incondicionalmente. Por isso devemos amar e respeitar a todos os seres. Nossa evolução depende da habilidade de sermos tolerantes uns para com os outros, de nos amarmos e de não julgarmos a nós mesmos ou aos nossos irmãos tão severamente.

Nós, humanos, chegamos a um ponto em que passamos a crer que não estamos unidos a Deus. Isso não é verdade. Somos parte Dele e Ele é parte de nós. Nossa energia divina é eterna e por isso jamais morreremos. Nossos corpos se tornarão pó, mas nossa energia continuará viva do "outro lado". Viveremos para sempre, não neste corpo ou nesta vida, mas viveremos.

Uma das coisas de que mais me recordo dessa experiência é de ter aprendido que não existe religião melhor ou mais correta que as outras. Hoje sei que devo ser tolerante para com todas as pessoas e deixá-las encontrar seu caminho para Deus. Alguns cristãos acreditam estar no "caminho correto", e provavelmente estão.

Não há diferença. O ser de luz que imaginei (e até hoje sinto) que era Jesus não me disse que os cristãos estavam em um caminho melhor que os das outras religiões. Na verdade, esperava ouvir algo desse tipo vindo dele, mas não foi o que aconteceu.

Portanto, não tenho uma resposta definitiva para essa questão. Alguns filósofos e teólogos acreditam que nas experiências de quase-morte o aspecto divino do homem toma a forma de seu sistema de crenças. Então, um indiano veria Shiva, um budista veria Buda e assim por diante. Já os cientistas acreditam que não haja uma "experiência", e sim um "desencadear" de reações químicas logo acima da têmpora direita que resulta nesse tipo de visão. Talvez isso também seja verdade. Além do mais, ninguém disse que o paraíso é um planeta. Mesmo que seja, por que não podemos visitá-lo usando a energia de nosso cérebro?

A única coisa de que me lembro em seguida é de acordar na sala de recuperação do hospital. Ouvi a enfermeira me chamando. Queria saber que horas eram, mas nem precisei perguntar, pois a primeira coisa que vi ao abrir os olhos foi o grande relógio na parede. Não sei por que tinha necessidade dessa informação. Talvez estivesse querendo me reorientar após minha viagem a uma dimensão sem tempo. Mas não conseguia manter os olhos abertos por muito tempo e não vi direito o ponteiro dos minutos.

No dia seguinte o médico me informou, para minha surpresa, que o tumor era benigno. Ninguém esperava esse resultado, pois era algo que tinha surgido de repente, crescido rápido e de maneira agressiva. Nesse caso não havia necessidade de quimioterapia, o que foi um alívio. Já tinha até me preparado psicologicamente para isso.

A surpresa seguinte foi minha recuperação, que levou apenas duas semanas quando os médicos não esperavam menos de seis. Três semanas depois meu marido pediu o divórcio, exatamente como eu previa. Nossa casa foi vendida, ele ficou com meu carro e eu comecei a mudança de minhas coisas mesmo antes de os médicos me "liberarem" para fazer esforço físico. Quando chegou o Natal, alguns meses depois, eu já estava divorciada e morando em uma casa muito bonita na cidade. No Dia dos Namorados, meu pai faleceu (a história de sua morte e de sua experiência no "outro lado" é descrita com detalhes em "Anjo glorioso", de *Quando os anjos nos protegem*).

A vida que levei durante praticamente dez anos tinha acabado e eu estava em uma fase totalmente nova. Felizmente deixei para trás, sem discussões ou ódio, aquele casamento. Precisava apenas de forças para superar a amargura e a autopiedade. Aceitei que a força de Deus estava agindo sobre minha vida e a de meu ex-marido. Ele quis que tivéssemos futuros diferentes e quando nos entregamos à Sua vontade nada é impossível.

Desde aquela EQM sei que Deus modificou drasticamente minha vida. Embora não entendesse o motivo de tudo aquilo, confiei, sabendo que Seus planos sempre envolvem muito amor. Entreguei-me ao fluxo da vida confiando que sobreviveria e venceria todas as dificuldades que surgissem.

Hoje tenho a cada dia uma sensação mais forte de conexão com tudo e todos ao meu redor. Minha admiração pelo universo e esperança de um mundo melhor só fazem crescer.

"Somos todos um único ser."

Tanto deste quanto do "outro lado" do véu.

Nota da Autora: Abril de 2005. Há séculos o homem moderno se baseia nas informações do Sudário de Turim, que descrevem um homem alto, com mais de 1,80 metro, de rosto e mandíbula angulosos e cabelos longos avermelhados ou em tom castanho-claro. A mesma descrição foi fornecida pela seita dos essênios da casa de Davi, à qual Maria e José pertenciam, segundo alguns especialistas. Os essênios moravam perto de Qumran, onde os Manuscritos do Mar Morto foram encontrados.

Segundo a *Encyclopaedia Britannica*, "... os essênios estabeleceram uma comunidade monástica em Qumran na metade do século segundo a.C. durante o reinado de Simão, antes de João Hircano. Após um breve reinado de Herodes, o Grande, a comunidade passou a viver em Qumran até que o centro da cidade foi destruído (ano 68 d.C.) pelas legiões romanas, sob o comando de Vespasiano. Isolados então, como as demais comunidades essênias em Judaica, os cerca de quatro mil moradores começaram a anunciar visões apocalípticas sobre a queda dos sacerdotes de Jerusalém, sobre o estabelecimento de sua comunidade em termos de liderança religiosa e sobre o estado de Israel. Dedicavam suas vidas ao estudo das Escrituras, ao trabalho manual e às orações. As refeições eram feitas como os banquetes messiânicos e o batismo era considerado uma forma de união com os "Eleitos de Deus".

O Sudário de Turim era considerado o manto sagrado utilizado para envolver o corpo de Jesus de Nazaré após sua crucificação. Media cerca de 4,20 metros por 1 metro. Em 1988, um pequeno fragmento do manto foi examinado e passou pelo teste do carbono. O relatório informou que o tecido era da época de 1200 ou 1300 d.C.

Em fevereiro de 2005, eu descobri as seguintes informações sobre o Sudário na Internet. Copiei apenas uma parte. O documento está disponível *on-line*.

20 de janeiro de 2005: "O jornal científico e acadêmico *Termochimia Acta* (volume 425, páginas 189-94, de Raymond N. Rogers, Biblioteca Nacional de Los Alamos, Universidade da Califórnia) deixa muito claro. 'O exame do carbono 14 da amostra do Sudário em 1988 não tem validade. O tecido é muito mais antigo do que o resultado sugere'. Rogers analisou a quantidade de vanilina nas fibras de linho usadas na trama. A vanilina tende a desaparecer dos tecidos com o passar do tempo. Pelos cálculos, um tecido medieval ainda teria 37 por cento da vanilina em 1988, ano em que foi realizado o exame, mas a amostra já não continha a substância... indicando uma idade de aproximadamente três mil anos".

ABC News: "Roma. 21/1/2005. Um químico que trabalhou nos testes do Sudário de Turim afirma que a nova análise do conteúdo das fibras do tecido, que se supõe ter envolvido o corpo de Jesus após sua morte, pode ter mais de três mil anos de idade".

Há diversos artigos na Internet sobre o assunto, porém muitos são de difícil compreensão para os leigos. No entanto, um deles revela não apenas que o Sudário era realmente do enterro de Jesus, mas também que foi usado por um curto período de tempo, segundo a análise de seu conteúdo químico como sangue, por exemplo. Esses estudos complementares foram realizados para provar que a ressurreição foi e ainda é um fato histórico[5]. O tecido não ficou muito tempo em contato com o

5. Frank C. Tribbe faz uma elaboração ficcional da provável história completa do Sudário de Turim baseado no relato dos estudiosos e nos registros históricos sobre o assunto em *José de Arimatéia – o discípulo de Jesus*, publicado pela Butterfly Editora em 2007. (N.E.)

corpo, entretanto, também há a possibilidade de ter sido trocado por outro algumas horas depois.

Incluí essas informações para estimular o leitor a pesquisar mais sobre o assunto, pois em minha experiência de quase-morte vi um ser de luz que acredito ser Jesus. Minha "visão" parece ser confirmada pelos estudos do Sudário de Turim realizados em abril de 2005 e pelos acadêmicos que estão sempre em busca do verdadeiro histórico de Jesus.

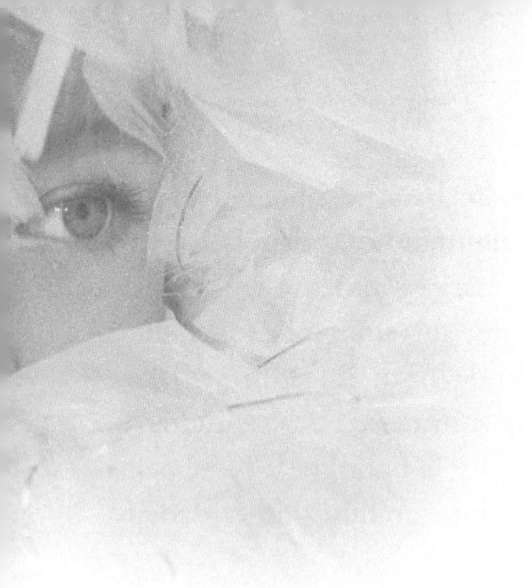

Namastê

Nota da Autora: Em 2005, minha amiga Judy Fry, de Scottsdale, no Arizona, me contou essa história. Judy é advogada e juíza aposentada.

Em 1987, meu pai morreu no Dia dos Namorados. Recebi uma ligação do hospital informando que ele havia tido um derrame.

Fui até o hospital e encontrei o médico na sala de emergência onde estavam cuidando de meu pai. Ele explicou que o derrame havia sido muito sério. Estavam aplicando nele medicamentos para afinar o sangue e manter a pressão em uma tentativa de mantê-lo vivo. Mas se sobrevivesse ficaria em estado vegetativo. Se suspendessem a medicação, morreria em poucas horas.

Como fui juíza, trabalhar com as leis e tomar decisões difíceis fazia parte de minha profissão. Mas aquele foi um dos momentos mais críticos de minha vida. Se pedisse para suspenderem a medicação meu pai morreria, mas se ele continuasse vivo daquela maneira, era como se não existisse mais.

O médico insistia para que eu tomasse uma decisão imediata. Senti como se minha cabeça fosse explodir. Disse a ele que precisava de um tempo. Fui para a sala de espera e me sentei, chorando e pedindo a Deus que me enviasse um sinal, pois não sabia o que fazer. Naquele momento um homem se aproximou de mim e perguntou:

– Você me reconhece?

– Não, desculpe.

– Você me colocou na cadeia por dirigir embriagado.

"Meu Deus, o que ele vai fazer comigo?", pensei.

– Com apenas algumas palavras você modificou toda a minha vida ao dar aquela sentença. Quero que conheça minha família. Sua decisão de mandar me prender fez muito bem a todos nós.

Não conseguia acreditar no que estava acontecendo. No momento mais difícil de minha vida encontrei um homem que sentenciei à prisão e ele me agradeceu. Pediu que eu me levantasse e me abraçou. Entendi aquilo como um sinal. Devia seguir minha intuição e tomar uma decisão, mesmo que aparentemente não fosse a melhor, da mesma maneira que fazia com os réus. Precisava usar toda a minha sabedoria e senso de justiça.

Fiquei imaginando se aquele homem não tinha sido enviado pelos anjos no dia de seu julgamento e agora retornava no dia da morte de meu pai para confirmar tudo o que eu precisava ouvir.

Voltei para a sala de emergência e fui falar com o médico.

Minha boca estava tão seca que eu mal conseguia pronunciar as palavras.

– Suspenda a medicação.

O médico apenas fez um sinal afirmativo e voltou à mesa para dar as instruções.

Fiquei ao lado de meu pai durante dois dias, depois não agüentei mais e tive de ir para casa descansar. Quando cheguei em casa o telefone tocou. Era o médico informando que ele havia morrido.

Joguei-me na cama, chorando e sentindo uma mistura de agonia e tristeza. Fiquei ali durante um bom tempo, mas não conseguia dormir. Estava acordada quando tudo aconteceu.

Olhei para o lado, pois algo me chamou a atenção, e vi uma cena estranha. A luz do quarto se tornou um espectro de tons roxos e lilases e havia muitas pessoas passando em minha frente. Pareciam negativos de fotografia, os matizes de luz e sombra estavam invertidos. O quarto desapareceu e eu me vi em meio a uma multidão. Meu pai surgiu por entre as pessoas e, se aproximando de mim, falou:

– *Venha ver o que aconteceu comigo.*

De repente, me senti "voando" ao lado dele até o restaurante Black Angus, onde estava quando sofreu o derrame.

Observávamos tudo do alto, como se estivéssemos no telhado do prédio. O espírito de meu pai estava ao meu lado, nós dois assistíamos a cena como se fosse um filme. Ele estava sentado à mesa com um amigo quando começou a se sentir mal. O amigo tentou ajudá-lo e chamou os paramédicos, que o colocaram em uma maca. Conseguia ouvir claramente tudo o que diziam quando o levaram para a ambulância.

Então, de repente, estava novamente em meu quarto e à minha frente estavam minha mãe e meu pai. Eles disseram:

– *Queríamos mostrar a você como é o "outro lado" para que você o reconheça quando chegar sua hora de vir para cá.*

Senti, então, que estava com eles voando em um longo túnel com uma luz forte ao final. Era como um farol de carro, mas tinha uma intensidade como jamais vi.

Na luz havia um homem que me pareceu ser Jesus com os braços abertos. A figura irradiava muito amor e paz. Senti-me mergulhando em seu abraço.

Não consigo descrever exatamente como é "estar naquela luz". Era como se eu não tivesse um corpo no "outro lado", apenas a sensação de estar envolvida no mais puro e incondicional amor e de fazer parte dele.

Meus pais me levaram a diversos lugares onde havia pessoas escrevendo, pintando, costurando e se dedicando ao que mais gostavam de fazer. As casas se pareciam com aquelas que construímos para bonecas, com apenas três paredes principais, sem a parte da frente ou teto.

Percebi então que eles tinham me levado até o lugar onde minha mãe já morava e meu pai ficaria. Senti que ele estaria bem ao lado daquelas pessoas, rodeado de muito amor. Sua vida no "outro lado" seria de muita felicidade.

Após essa "visita", os dois me levaram novamente para o túnel. Tentei prestar o máximo de atenção a essa parte, pois queria investigar melhor aquela "passagem". Mas dessa vez era uma passagem escura, como aquelas subterrâneas, envelhecidas. Senti minha mãe (que havia morrido quando eu tinha 32 anos) e meu pai ao meu lado. Ouvi suas vozes me dizendo, telepaticamente, que estariam ali para me receber quando eu morresse.

Entrei então no túnel como espírito, mas à medida que avançava, sentia que uma substância semelhante à massinha de modelar ia me circundando e criando forma humana.

Olhei para trás e vi meus pais pela última vez. Os dois estavam com as mãos unidas, como quando se faz uma oração. Fizeram uma espécie de reverência para mim, como fazem os orientais, dizendo:

– Na-mas-tê, Judith Ann.

Não fazia a mínima idéia do que aquilo significava. Mais tarde procurei em todos os meus dicionários de línguas estrangeiras: francês, espanhol, italiano e português, tentando encontrar alguma palavra semelhante.

Durante o velório a esposa do pastor me contou sobre uma experiência de quase-morte que teve. Disse que viu as mesmas luzes em tom lilás e a imagem das pessoas como um negativo de filme ao contrário, exatamente como eu.

Disse também que *Namastê* é uma palavra em sânscrito, a língua mais antiga do planeta, que significa: "reverencio a parte de seu ser em que estão o amor, a luz e a paz, e quando você está em contato com esta parte dentro de você e eu em mim somos um único ser". Ao ouvir essa definição lembrei-me imediatamente da sensação que tive quando "cheguei" ao "outro lado" e fui abraçada por aquele ser de luz. Percebi então que jamais estaria longe dele ou de meus pais enquanto mantivesse ao meu redor, aqui na Terra, uma atmosfera de amor, luz e paz.

Algumas semanas depois "retornei" ao restaurante Black Angus com minha prima. Contei a ela sobre a visão que tive daquele lugar e queria que fosse testemunha do que as pessoas dali diriam.

Falei com o gerente e ele confirmou cada detalhe do que eu tinha visto. Fomos então ao hospital e eu falei com um dos paramédicos que atendeu meu pai, que também confirmou os fatos. Percebi então que minha visão tinha sido "real" e que eu havia tomado a decisão correta em relação ao meu pai. Ele estava agora em um lugar melhor.

Quando observamos a vida sob esse prisma de perfeição e harmonia, em que tudo segue de acordo com desígnios de Deus, percebemos que nossas tragédias não são tão grandes afinal, e que nossos erros (como o do homem preso por dirigir alcoolizado) podem ser vistos como oportunidades. Aceitar é estabelecer a paz, desapegar-se é dar amor. A vida é feita de luz e sombras.

Essa experiência me ensinou que somos todos espíritos vivendo na forma humana. Na próxima vez que vir aquela luz saberei que posso caminhar confiante em direção a ela, para, assim, me reunir novamente com meu Criador maior e com meus pais.

Parte 7

Razões para pensar

As asas dos anjos são feitas de ossos, carne e penas. Além de minha própria experiência com um anjo durante minha EQM, vários relatos que já ouvi confirmam a existência deles.

Cheguei a tocar as de um anjo e me lembro até hoje da sensação. Muitas vezes consigo saber se as histórias que me contam são ou não verdadeiras só pela descrição.

Algumas das histórias que contei aqui são curtas, mas relatei cada uma delas para mostrar que há uma verdadeira relação entre seres humanos e anjos. Quando querem, eles se mostram tão reais que as penas e a estrutura de suas asas são exatamente como as dos pássaros.

Todas as suas aparições deixam lições profundas.

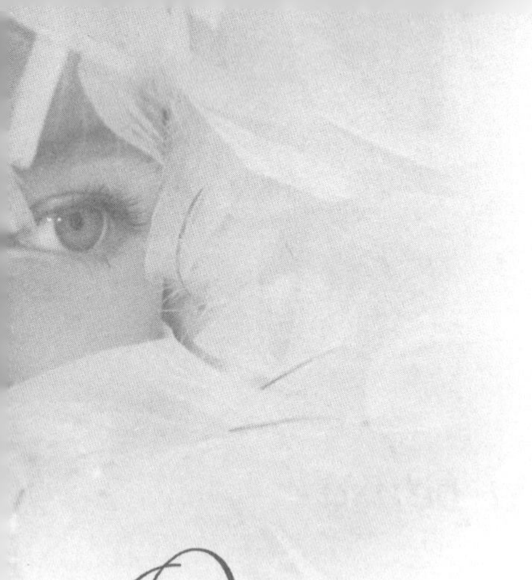

Sam e George

Quando meu sobrinho Sam tinha cerca de dois anos e meio, começou a ter dificuldade para dormir. Todos os dias, descia a escada mal-humorado e reclamando.

Certa manhã minha irmã Nancy estava preparando *waffles* para o café da manhã, quando Sammy veio até a cozinha e quis subir em sua cadeira, esfregando os olhos e bocejando muito.

– O que foi, meu querido? Não consegue dormir? – perguntou, afagando seus cabelos.

– Não, mamãe.

– Será que você está doente? – perguntou ela, colocando a mão em sua testa. – Não parece estar com febre.

– Não estou doente.

– Sente dor de garganta?

– Não, mãe. Só não consigo dormir – respondeu ele, se espreguiçando na cadeira.

Nancy colocou um prato de *waffles* na mesa para ele e se sentou na cadeira ao lado.

– Talvez esteja assistindo muito à televisão antes de se deitar.

– Talvez seja o George.

– George? Quem é George? Um personagem de desenho? – perguntou ela.

– Não, mãe. George, meu amigo do Canadá.

– Mas onde você o conheceu? Na escola?

– Não, mãe – respondeu ele, engolindo um *waffle*.

– E como ele fala com você? Não ouvi o telefone tocar e ninguém vem aqui durante a noite – disse Nancy, irritada.

– Papai não me deixa telefonar, principalmente durante a noite. Ele diz que precisa do telefone livre, caso algum paciente ligue.

– Isso mesmo. E como esse tal George fala com você, então?

– Ele vem me visitar à noite e fica falando comigo – reclamou Sammy.

– Vem visitar? Como ele entra aqui? – perguntou Nancy, assustada.

Sammy estava ficando irritado com a conversa. Como sua mãe não entendia algo tão simples?

– Mãe, não sei como ele entra. Só sei que ele fica a noite toda no meu quarto.

Nancy sentiu um arrepio.

– George, do Canadá... mas ninguém se mudou para essa rua nos últimos tempos.

– Mãe! O nome dele é George e ele usa pijamas prateados!

– Pijamas prateados! Sammy, você vai dormir conosco essa noite. Quero ver se este George vai nos incomodar.

– Está certo – disse Sammy, e continuou a comer.

Naquela noite, Sammy dormiu com Nancy e Dave. Nunca mais se ouviu falar de George, do Canadá, ou de seus pijamas prateados. ❦

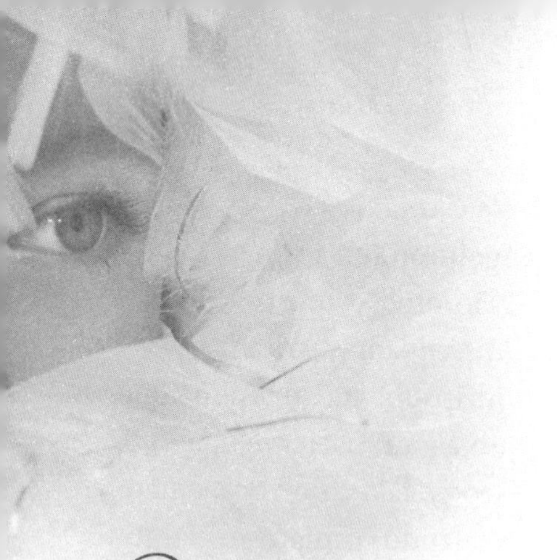

Os bebês

Natal de 1994.

Eu estava na loja Marshall Field da State Street, em Chicago, com minha irmã Nancy, sua filha Elaine e seu filho Sam, que na época tinha seis anos de idade.

Nancy e Elaine estavam procurando elásticos e presilhas para cabelo, então eu fui com Sam até o outro lado da loja para ver óculos de sol.

Sammy experimentou vários e, de repente, se virou e me disse:

– Tia Cathy, você se lembra de quando morávamos na cidade grande e assistíamos a lutas de boxe na televisão?

– Qual cidade, Sam? Nova York?

– Sim, Nova York.

Não estava entendendo. Nunca tinha estado em Nova York com Sam.

– Você não se lembra, tia? Jantávamos naqueles pratos de prata.

– Nós éramos ricos, Sam? – perguntei surpresa.

– Não, não era prata de verdade. Eram aqueles pratos com espaços separados para o frango, o milho e o purê.

Entendi, finalmente. Ele estava falando de pratos de comida pronta e de congelados.

Mas Nancy nunca serviu esse tipo de refeição em casa. Ela mesma faz tudo, até os pães e *waffles* para a família. É uma excelente cozinheira e jamais compraria comida pronta.

Percebi então que ele devia estar falando de uma vida passada e se lembrou que eu estava junto. Eu não me lembrava mas ele parecia conhecer todos os detalhes da cena.

Fiz então uma pesquisa para saber se a situação poderia ter realmente existido. No final dos anos 1930 e começo dos 1940, os "circuitos fechados de TV" eram uma novidade em Nova York. Um dos programas disponíveis era o de lutas de boxe nas quartas-feiras à noite. Pratos congelados também eram bastante comuns no final da década de 1920. Uma grande corporação que vendia esse tipo de comida, chamada Birds Eye, estava em franca expansão. Pratos prontos para jantares já estavam disponíveis mesmo antes da Segunda Guerra Mundial. Uma das empresas que os distribuíam era a Swanson.

Acredite se quiser, caro leitor. ❦

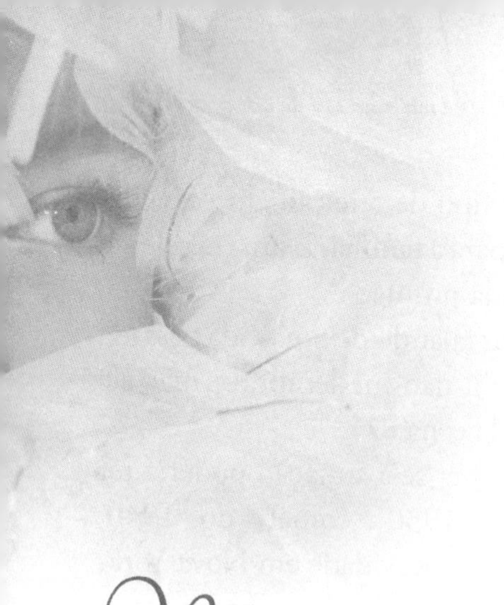

O carro

Minha neta Caylin costuma vir, uma vez por mês, passar uma noite ou duas comigo. Tenho uma cama de casal *king size* e ela adora dormir nela comigo, rodeada de travesseiros e dos bichos de pelúcia que lhe dou de presente. Assistimos *Cinderela*, brincamos com a casa de bonecas que fiz para ela e lemos muito. Adoro esses momentos em que posso mimá-la.

Uma noite Caylin acordou por volta das três horas da manhã para ir ao banheiro. O barulho acordou meus cães, Bebe e Júnior, que vieram correndo ver o que estava acontecendo. Eu os acalmei e Caylin voltou para o quarto. Mas acabamos brincando com os cães, descendo para tomar água e quando voltamos para a cama estávamos sem sono.

Então, enquanto brincava com um dos bichinhos de pelúcia, jogando-o para cima, ela me perguntou:

– Cathy, você se lembra de quando estávamos em outra vida?

Sua voz estava diferente e ela não me chamou de vovó, como normalmente faz. Senti um arrepio na espinha e perguntei devagar, para verificar se tinha ouvido direito:

– Outra vida?

– Sim. Quando morávamos na cidade grande e andávamos naquele carro grande.

E olhou para mim como se estivesse analisando minha reação. Definitivamente, não era um olhar de criança.

Fiquei surpresa. Era a segunda vez que aquilo acontecia. Uma criança pequena me fazendo perguntas sobre se eu me lembrava de ter vivido com ela em uma cidade grande. A primeira foi meu sobrinho Sammy.

– Não, não me lembro – respondi.

– Mas eu me lembro. Era muito divertido. Eu adorava aquele carro.

Não consegui perguntar do que mais ela se lembrava. Estava assustada com o fato de aquilo estar vindo de minha netinha, ainda tão pequena.

Então ela se aproximou de mim e acariciou meu rosto como alguém que não me via fazia muito tempo ou como se estivesse se despedindo para sempre, uma reação típica de adultos, não de uma criança de três anos.

– Eu amo você – disse, e me beijou no rosto. Mais uma vez senti que se tratava de alguém que estava prestes a morrer ou partir para sempre. Tive uma sensação de tristeza muito grande. Não conseguia me lembrar de quem tínhamos sido em vidas passadas.

– Eu também amo você – respondi.

– Vamos fazer nossas orações novamente? – ela pediu.

Assim fizemos.

Hoje sei que Caylin não se lembra daquela noite ou da vida que tivemos juntas. Ela tinha apenas três anos na época. Sua mente ainda estava aberta a visões de vidas passadas.

Isso aconteceu há quatro anos e, mesmo depois de todas as minhas experiências de quase-morte e de interação com os anjos e espíritos de pessoas que já morreram, ainda é uma das mais marcantes para mim.

É mais uma prova que tive de que o amor jamais desaparece. Nunca deixamos de verdade aqueles que amamos e que nos amam.

A lição que aprendi é que, sempre que temos um tempinho, podemos usá-lo dando amor às pessoas. É para isso que viemos a este planeta.

Use seu tempo com sabedoria e amor. ❦

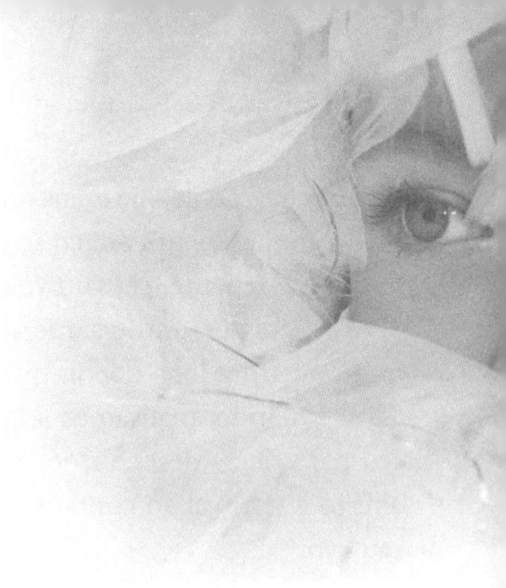

Dominic e a luz

Nota da Autora: Esta é outra história de Jim Keating.

Um dia minha esposa Clare estava lecionando para seus alunos no colégio quando foi chamada à sala da diretoria. Era um telefonema de sua mãe, que tinha uma notícia triste para dar. Os pais de Clare tinham viajado durante as férias em um *trailer* até o México. Durante uma parada, seu cão escapou e começou a perseguir alguns cavalos que passavam pelo local. O pai de Clare foi atrás dele e o trouxe de volta. Mas quando entrou no *trailer* disse que não estava se sentindo bem. Alguns minutos depois, morreu de um ataque cardíaco fulminante.

Como nossos filhos também estavam em aula, Clare decidiu esperar até que voltassem para casa para dar a notícia.

Dominic, nosso filho do meio, foi o primeiro a entrar.

– Uma coisa muito estranha aconteceu na escola hoje – disse ele. – Estava sentado em uma das últimas carteiras da sala assistindo à aula e de repente vi uma bolinha de luz na parte da frente da sala. Olhei em volta para ver se mais alguém tinha percebido, mas apenas eu tinha visto. Fechei os olhos e disse mentalmente à luz que podia se aproximar de mim. Ela veio então e entrou em meu peito.

Tive a sensação de que meus braços estavam inchados enquanto ela estava ali. Fiquei um pouco assustado mas a sensação não era ruim. Então, de repente, ela saiu voando e foi embora pela janela.

Clare perguntou a que horas aquilo tinha acontecido. Constatou que fora logo depois que seu pai faleceu.

Quando analisamos a história, Clare e eu concluímos que seu pai veio se despedir dos netos. Dominic é quem estava mais aberto e sensível ao contato, embora não tenha associado a luz a seu avô.

Até hoje temos certeza de que nosso filho foi tocado por ele naquele dia. ❦

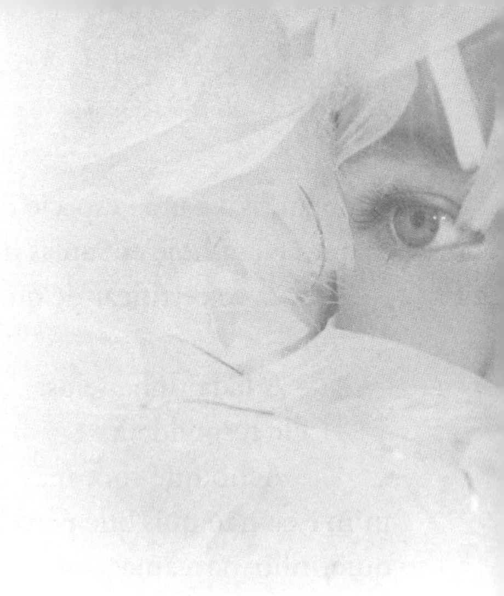

Fadas e anjos

Nota da Autora: Jim Keating me enviou essa história há pouco tempo. Para mim, as histórias de anjos que visitam crianças são as mais fascinantes de todas.

Certa manhã Clare estava na cozinha fazendo panquecas quando nosso filho mais velho, Jim, que tinha quatro anos na época, saiu de seu quarto dizendo que sua fada madrinha tinha aparecido para ele. Clare achou aquilo interessante e pediu a ele que contasse os detalhes. Ele disse que estava deitado quando de repente viu uma luz amarela com pontos brilhantes surgindo ao seu lado. Era uma luz fria. Isso chamou a atenção de Clare.

Então uma fada apareceu dentro da luz.

Clare perguntou se o cabelo dela era longo.

– Não – respondeu ele. – Era curto como o seu.

Clare usava o cabelo na altura das orelhas na época.

A descrição não parecia ser a de uma fada madrinha como a dos filmes de Disney. Ela usava um vestido até o meio da coxa, de mangas curtas e um cinto largo. Clare imaginou que fosse algo parecido com uma túnica. Mas ele completou dizendo que ela também usava uma espécie de meia-calça de malha parecida com as que se usa hoje em aulas de ginástica.

Para se certificar de que era realmente uma mulher, ela perguntou:

– A fada tinha seios?

Ele respondeu:

– Acho que sim, mas não reparei. Ela estava olhando para mim e eu não quis que percebesse que eu estava acordado. Fiquei quietinho na cama com os olhos quase totalmente fechados, só espiando. Depois de algum tempo ela desapareceu, e a luz também.

Quando acordei, Jim veio me contar a história também. Falava com tanta tranqüilidade e certeza que acabamos nos convencendo de que algo realmente havia acontecido. Peguei um gravador e pedi a ele que repetisse a história mais uma vez.

Ele não gostou muito da idéia, mas acabou aceitando. Contudo, não quis mais falar sobre o assunto. Até hoje Clare e eu acreditamos que ele não inventara aquela história apenas para chamar a atenção. Tinha realmente visto algo. ❦

Post scriptum

Caro leitor

Espero que este novo livro sobre histórias de anjos tenha lhe agradado. Quero continuar minha missão de transmitir a todos essas mensagens de esperança. A maioria das histórias deste volume aconteceu com pessoas de minha família e amigos, mas no futuro espero poder publicar fatos que tenham ocorrido na vida de outras pessoas também. Se alguma história sobre anjos ou sobre milagres "inexplicáveis" aconteceu com você, peço que me envie para que eu possa incluí-la em meu próximo livro.

Envie uma mensagem para cathlanigan@yahoo.com ou pelo correio para o seguinte endereço: 2554 Lincoln Boulevard, P.O. Box 295, Marina del Rey, CA 90291, USA.

Se você acredita, assim como eu, que temos sempre anjos ao nosso redor, ajude-me a espalhar essa mensagem entre as pessoas que precisam de esperança, fé e orientação, mas não sabem onde procurar. Todas as contribuições para as próximas edições serão muito bem-vindas.

Agradeço pela atenção que dedicou a este livro e aos outros, caso os tenha lido, e por passar adiante a mensagem aos seus amigos e familiares. Que Deus os abençoe. ❦

Catherine

Bibliografia

ALPER, Matthew. *The god part of the brain* [A melhor parte do cérebro]. Nova York: Rogue Press, 2000.

BELL, Art e Brad Steiger. *The source* [A fonte]. New Orleans: Paper Chase Press, 1999.

BRADEN, Gregg. *O efeito Isaías: decodificando a ciência perdida da prece e da profecia*. SP: Cultrix, 2001.

BRINKLEY, Dannion. *Saved by the light* [Salvo pela luz]. Nova York: Harper, 1995.

BRO, Harmon Hartzell. *A seer out of season: the life of Edgar Cayce* [Um advinho fora de seu tempo: a vida de Edgar Cayce]. Nova York: Signet, 1990.

CAYCE, Hugh Lynn. *The Edgard Cayce collection: Edgar Cayce on dreams; Edgar Cayce on healing; Edgar Cayce on diet and health; Edgar Cayce on ESP* [Coleção Edgard Cayce: sonhos, cura, alimentação e saúde, ESP]. Nova York: Bonanza Books, 1986.

CERMINARA, Gina. *Many mansions: the Edgar Cayce story* [As muitas mansões: a história de Edgar Cayce]. Nova York: Signet, 1950.

EUSÉBIO. *História eclesiástica*. SP: Paulus, 2000.

FARADAY, Doutora Anne. *Dream power: learn to use the vidal self-knowledge that lies stored in your dreams* [O poder do sonho]. Nova York: Berkley, 1972.

FIORE, Edith. *Você já viveu antes: uma psicologia examina as nossas vidas passadas*. RJ: Record, 1991.

FURST, Jeffery. *Edgar Cayce's story of Jesus* [A história de Jesus Segundo Edgar Cayce]. Nova York: Berkley, 1976.

GOLDBERG, Doutor Bruce. *Vidas passadas, vidas futuras*. RJ: Nórdica, 1993.

GOODWIN, Malcom. *Angels: an endangered species* [Anjos: uma espécie ameaçada]. Nova York: Simon and Schuster, 1990.

GRAHAM, Billy. *Anjos: os agentes secretos de Deus*. RJ: Record, 1999.

HANCOCK, Graham. *As digitais dos deuses*. RJ: Record, 1999.

HEGEL. G. W. F. *Phenomenology of mind* [A fenomenologia da mente]. Trad. J. Baillie. Londres: G. Allen and Unwin, reedição, 1966.

HEIDEGGER, Martin. *Holzwege* [Mecânica dos fluidos]. Frankfurt, Alemanha: Frankfort-am-Main, 1952.

HILLMAN, James. *O código do ser: uma busca do caráter e da vocação pessoal*. RJ: Objetiva, 1997.

HOLMES, Ernest. *The science of mind* [A ciência da mente]. Nova York: Dodd, Mead and Company, 1938.

HOUSTON, Jean. *The search for the beloved* [A busca do ser amado]. Nova York: St. Martin's Press, 1987.

JANES, Julian. *The origin of consciousness in the breakdown of the bicameral mind* [A origem da consciência no colapso da mente bicameral]. Boston: Houghton Mifflin, 1976.

KENYON, Tom. *Brain states* [Estados da mente]. Naples, Flórida: United States Publishing, 1994.

KRAPF, Phillip H. *The contact has begun* [O contato já começou]. Carlsbad, Califórnia: Hay House, 1998.

MANDINO, Og. *O maior milagre do mundo*. RJ: Record, 1982.

______________. *O maior segredo do mundo*. RJ: Record, 1984.

______________. *O maior vendedor do mundo*. RJ: Record, 2000.

McDANNEL, Collen e LANG, Bernhard. *Heaven: a history* [*A história do paraíso*]. Nova York: Vintage, 1990.

MOODY, Raymond A. Jr. *Coming back: A psychiatrist explores past-life journeys* [O retorno: Um psiquiatra explora experiências de vidas passadas]. Nova York: Bantam, 1991.

______________. *A vida depois da vida.* SP: Butterfly Editora, 2004.

MORSE, Melvin. *Closer to the light: learning from children's near death experiences* [A caminho da luz: experiências de quase-morte de crianças]. Nova York: Random House, 1990.

PEALE, Norman Vincent. *O poder do pensamento positivo.* SP: Cultrix, 1982.

PECK, M. Scott. *Na terra como no céu: uma visão da outra vida.* RJ: Record, 1997.

PONDER, Catherine. *The dynamic laws of prosperity* [Leis dinâmicas da prosperidade]. Marina Del Ray, Califórnia: DeVorss and Company, 1962.

PROPHET, Elizabeth Clare. *Violet flame to heal body, mind and soul* [A chama violeta]. Corwin Springs, Montana: Summit University Press, 1997.

RAWLINGS, Doutor Maurice. *Beyond death's door* [Além da porta da morte]. Nova York: Bantam Books, 1978.

REED, Henry. *Edgar Cayce on mysteries of the mind* [Edgar Cayce e os mistérios da mente]. Nova York: Warner, 1989.

RING, Kenneth. *Rumo ao ponto ômega: em busca do significado da experiência de quase-morte.* RJ: Rocco, 1996.

SCHLOTTERBECK, Karl. *Living your past lives: the psychology of past life regression* [A psicologia da regressão a vidas passadas]. Nova York: Ballantine, 1989.

SHELDRAKE, Rupert. *A new science of life: the hypothesis for formative causation* [Uma nova ciência: a hipótese da causação formativa]. Boston: Houghton Mifflin, 1981.

STEIGER, Brad. *Guardian angels and spirit guides* [Anjos guardiões e guias espirituais]. Nova York: Signet, 1995.

STEIGER, Brad e Francie. *The star people* [As estrelas]. Nova York: Berkley, 1981.

STREAN, Doutor Herbert e FREEMAN, Lucy. *The severed soul* [A alma separada]. Nova York: St. Martin's Press, 1990.

TEILHARD DE CHARDIN, P. *The phenomenon of man* [Fenômeno humano]. Nova York: Harper and Row, 1959.

TWITCHELL, Paul. *Eckankar: the key to secret worlds* [Eckankar: A chave dos mundos secretos]. Crystal, Minnesota: Illuminated Way Publishing, 1969.

_____________. *The Eck-Vidya* [Eck-Vidya]. Minneapolis: Eckankar, 1972.

VAN PRAAGH, James. *Em busca da espiritualidade*. RJ: Sextante, 1999.

_____________. *Conversando com os espíritos*. RJ: Salamandra, 1998.

WALSCH, Neale Donald. *Conversando com Deus – Livro I: um diálogo sobre os maiores problemas que afligem a humanidade*. RJ: Ediouro, 1997.

_____________. *Conversando com Deus – Livro II: novo diálogo sobre os maiores problemas que afligem a humanidade*. RJ: Ediouro, 1998.

_____________. *Conversando com Deus – Livro III: um diálogo incomum*. RJ: Ediouro, 1999.

WALSH, Michael. *Butler's lives of the saints* [As vidas dos santos segundo Butler]. San Francisco: Harper and Row, 1956; reedição, 1987.

WEISS, Brian L. *Many lives, many masters* [Muitas vidas, muitos mestres]. Nova York: Fireside, 1998.

WILLS-BRANDON, Carla. *Um último abraço antes de partir*. SP: Butterfly Editora, 2003.

WILSON, Colin. *Senhor dos mundos subterrâneos: Jung e o século 20*. SP: Martins Fontes, 1985.

ZUKAV, Gary. *The seat of the soul* [A morada da alma]. Nova York: Fireside, 1990.

Catherine Lanigan

NA PROTEÇÃO DOS ANJOS

É possível viver melhor com a providencial ajuda dos anjos! A autora nos aproxima desses verdadeiros agentes da felicidade, ampliando nossa visão espiritual. É tempo de despertar para uma vida melhor: aprenda a contar com a proteção e a inspiração dos anjos!

Catherine Lanigan

QUANDO OS ANJOS NOS PROTEGEM

Depoimentos incríveis e diversos relatos que comprovam a intervenção dos anjos em nossa vida. Aprender a escutá-los, nos inspirando em suas sugestões, é abreviar o caminho que nos conduz na direção da felicidade! Lembre-se: para os anjos, tudo é possível...

Eurípedes Kühl

SONHOS: VIAGENS À ALMA

O mundo dos sonhos em todos os seus mistérios. Estudo fascinante que revela a influência fantástica dos sonhos em nossa vida. Explica o processo que nos leva a sonhar, apresentando também o sonho como um portal para adentrarmos no mundo espiritual.

Yitta Halberstam & Judith Leventhal

MILAGRES DE AMOR E AMIZADE

Especialmente recomendado para presentear aqueles a quem amamos e desejamos reconfortar. Sessenta e quatro histórias verídicas e emocionantes que nos revelam verdadeiros milagres, sublimes intervenções da providência divina no destino das pessoas.

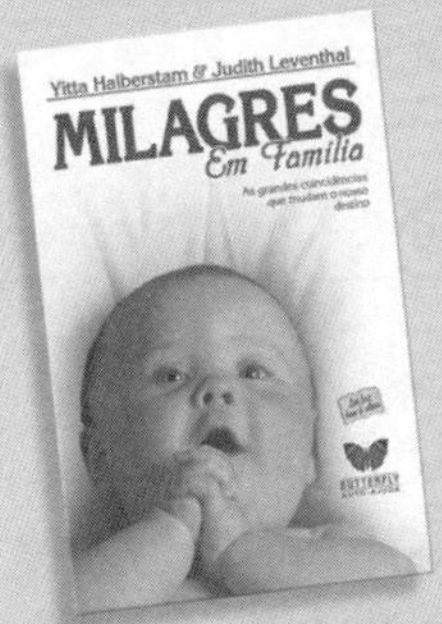

Yitta Halberstam & Judith Leventhal

MILAGRES EM FAMÍLIA

Tudo leva a crer que o acaso não existe: 56 histórias incríveis que revelam coincidências providenciais. Quando tudo é dado por perdido, eis que uma intervenção divina altera, por completo, o destino daqueles que não mais esperavam a visita da felicidade.

Chris Benguhe

TRIUNFOS DO CORAÇÃO

Histórias verídicas que revelam o grandioso poder do amor. Capaz de impulsionar o homem a atitudes heróicas, gestos de larga bondade e a conquistar novas amizades, a força do amor é surpreendente. Excelente leitura para motivar a superação de todas as dificuldades.

Chris Benguhe

MUITO ALÉM DA CORAGEM

Respire fundo e vá em frente: nas páginas de uma fantástica epopéia, os personagens de *Muito além da coragem* enfrentam incríveis aventuras apresentadas pelo destino, exemplificando os princípios que distinguem o verdadeiro herói e incentivando a autoconfiança.

Raymond A. Moody Jr.

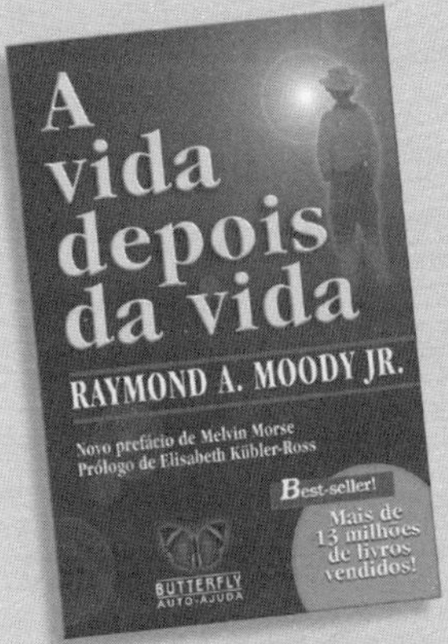

A VIDA DEPOIS DA VIDA

Relatos verídicos de experiências de quase-morte de pessoas consideradas clinicamente mortas e que retornaram à vida levam os pesquisadores a acreditar na vida depois da morte. *Best-seller* que já vendeu mais de 13 milhões de exemplares no mundo inteiro.

Raymond A. Moody Jr.

A LUZ QUE VEM DO ALÉM

Depois de investigar mais de mil casos de experiências de quase-morte, o doutor Raymond Moody Jr. – o mesmo autor do *best-seller A vida depois da vida*, mais de 13 milhões de exemplares vendidos – revela um incrível e benéfico efeito colateral dessas viagens.

John L. Brooker

ENCONTRANDO A LUZ

Almas que perderam o corpo físico agitam-se aflitas no espaço – desconhecem a própria morte ou recusam-se a aceitá-la. Relatos verídicos do resgate desses espíritos em direção da luz, incluindo o socorro espiritual às vítimas do atentado ao World Trade Center.

Carla Wills-Brandon

UM ÚLTIMO ABRAÇO ANTES DE PARTIR

Depoimentos incríveis revelam a presença inegável de parentes e amigos – que já não fazem mais parte deste mundo – ao lado daqueles que se preparam para partir para o outro lado da vida. Pesquisas e relatos que comprovam a realidade das visões no leito de morte.

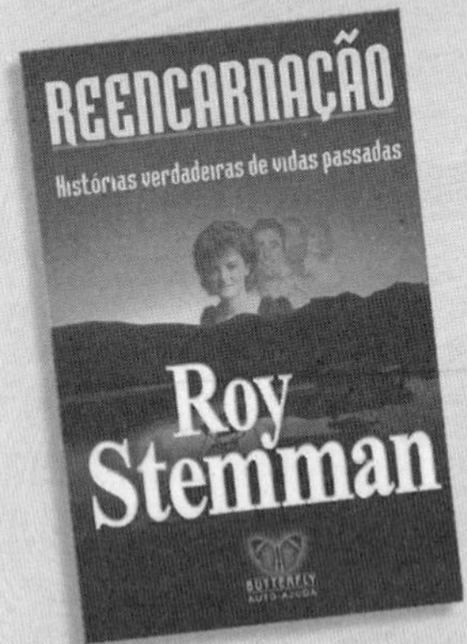

Roy Stemman

REENCARNAÇÃO

Toda a verdade sobre a reencarnação. Casos extraordinários revelam a realidade da reencarnação. Por que, quando e onde reencarnaremos? Reencontraremos nossos entes queridos? Mudaremos de sexo? Exemplos verídicos respondem a essas e a muitas outras perguntas...

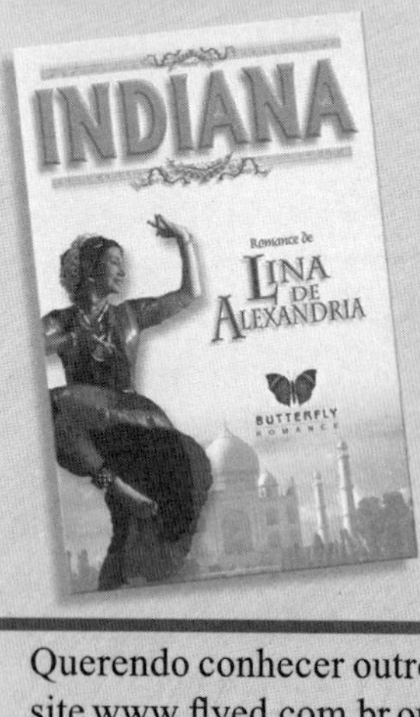

Lina de Alexandria

INDIANA

Filha de um comerciante, Nathasha vive na cidade de Poznan, Polônia. Durante a guerra, é aprisionada num campo de concentração nazista. Vítima de perversos agressores, enfrenta uma gravidez indesejada. Acontecimentos inesperados levam-na até a Índia milenar.
Da autora de *Jornada de esperança.*

Querendo conhecer outros livros da Butterfly Editora, basta acessar o site www.flyed.com.br ou solicitar um catálogo sem compromisso pela Caixa Postal 67545 – Ag. Almeida Lima – CEP 03102-970 – São Paulo – SP.